驚きの因果律あるいは
心理療法のディストラクション

中井 孝章

大阪公立大学共同出版会

目　次

序論　アドラー心理学からの問題提起……………………………　1
　　付記　「原因」と「理由」——その共通性と差異性　9

Ⅰ　因果律とは何か——D.ヒュームへの遡及　……………　16
　　1．因果律の成立条件——投影主義の立場　16
　　2．なぜ因果律は制作されるのか　20
　　3．J.マクタガートの時間系列と心による因果律の制作　26
　　4．因果律の原則　29

Ⅱ　日常的世界における因果律の制作……………………………　32
　　1．経験則に準じた因果律の制作　33
　　2．呪術的因果律の制作　33
　　3．〈心に悩みのある人〉におけるネガティブな因果律の制作
　　　　——アドラー心理学による原因論批判　36
　　4．日常的世界を穿つ厄災
　　　　——因果律制作が不可能であるとき　39

Ⅲ　科学的世界における因果律の制作……………………………　44
　　1．自然科学における因果律の制作とその問題点　44
　　2．精神分析における因果律の制作——心的決定論批判　54

Ⅳ 「脳」を用いた因果律の制作——そのアポリア …………… 59

Ⅴ 主観的な因果律論をベースとする因果律方程式と その制作上の禁忌
　——医学モデル批判と仮説構成概念の使用禁止！ ………… 65

　1．因果律のタイプとそのまとめ　65

　2．原因と結果の属性　68

　3．医学モデルの問題点——心理学批判　70

　4．仮説構成概念の乱脈とその問題点——精神分析批判　80

　5．原因論の破棄／切断は妥当か　84

Ⅵ 行動分析学から抽出する 「行動の正しい推論形式としての因果律」 ………… 93

　1．ＡＢＣ分析の展開　94

　2．行動随伴性に基づく4つのタイプ　98

　3．正しい推論形式としての因果律方程式
　　——二重因果律と変化　103

Ⅶ 「正しい推論形式としての因果律方程式」の基準と その活用…………………………………………………… 110

　1．因果律検証テスト
　　——一般の因果律／正しい推論形式としての因果律の
　　区別基準　110

　2．行動随伴性に基づく2つの因果律方程式
　　——行動をする／しないの分水嶺　114

　3．加害当事者の行動分析　118

4．思考指導という新しい支援方法
    ——心理療法を超えて　132

Ⅷ　情動の因果律……………………………………………… 135
  1．「泣くから悲しいのか」それとも「悲しいから泣くのか」
    ——3つの心理学学説の再検討　135
  2．情動の因果律の構築　144

結語　キーパーソンを中心にした本書の要約………………… 151

文献　170

あとがき　173

序論
アドラー心理学からの問題提起

・・・

　ことの始まりは何気ない次の問い（問いかけ）にある。
　「どうして，私は対人関係がうまくいかないのか」，「なぜ，私は学業（仕事）がうまくいかないのか」，と。
　そして，私たちはこの「どうして」，「なぜ」について次のように答える。
　「性格が暗いから（ネクラだから）対人関係がうまくいかないのではないか」，「やる気がないから学業（仕事）がうまくいかないのではないか」，と（なお，この問いそのものは，本書で述べる因果律からすると，正しくないということになるが，日本語文・会話文としては通用することからこのままで論を進めていくことにしたい）。
　こうした自問自答，すなわち「どうして」，「なぜ」に対する「……だからうまくいかない」は，私たちにとって心の問題の始まりなのである。裏を返せば，こうした自問自答のあり方に間違いがあると，私たちにとって心の問題は解決に向かうどころか，悪化する可能性が高い。
　よくよく考えれば，「どうして」，「なぜ」といったいわゆる，原因追求の疑問には，「……だからうまくいかない」というように，「……だから」という「原因」と，「～のようになる」という「結果」とのペアから成る因果関係（本書では以下，「因果律」で統一）

が対応している。つまり私たちは，悩みや不安を持つなどいわゆる心の問題を抱え込むとき，原因追求を行い，自分なりに因果律を作り出すのである。

　見方を換えれば，原因追求の結果として作り出す因果律は，私たちにとって心が不安定なときや不安のときなど，すなわち私たちが不全な状況に置かれたときに——あるいは先行きの見えないいわゆる不確定なときにも——作り出されることがわかる。

　結論から述べると，私たちが何らかの心の問題といった不全もしくは不確定な状況を抱え込むとき必然的に因果律を作り出し，そのことで自分の心を安定させたり，心の問題を縮減させたりするのである。

　不全な状況，もしくは不確定な状況で因果律を作り出すことが必然的であるとすれば，私たちはどうすれば正しい（適切な）因果律を作り出すことができるのであろうか。実は，正しい因果律を作り出すことは至難の業である。むしろ間違っているとまではいえなくても，正しくない因果律は多々存在するというのが現状である。

　本書では，私たちが心の問題のように，不全な状況に置かれたとき，どうすれば正しい因果律を制作することができるのかについて究明していくことにする。一般に，因果律といえば，自然科学の法則のように，科学的世界において取り上げられる，推論や思考の重要な道具であるが，本書は心理学や臨床心理学，特に心理療法に限定して「心の因果律」や「情動の因果律」について解明していくことにしたい。以上が本書の目的であり，これ以上でも以下でもないのであるが，本書の執筆動機となった事柄を交えつつ，本書の目的をもう少し詳しく述べることにしたい。

　ところで，いま述べた，本書の執筆動機となったのは，近年わが国において，特に自己啓発の分野において注目されているA.アド

ラーの心理学である。筆者から見ると，アドラー心理学の真骨頂は，S.フロイトやG.C.ユングの精神分析の全盛期に，心理学もしくは臨床心理学において原因論を批判すると同時に，目的論を提唱したことにある。

今日，多種多様な心理療法が普及しているが，アドラー心理学から捉えると，心理療法（心理学）は大きく2つのタイプに分けることができる。1つは，原因（病因）論に基づくタイプであり，もう1つは，目的論に基づくタイプである。こうした分類は，心理療法（心理学）の分水嶺というべきものだと考えられる。

アドラー心理学は，心理療法（心理学）の多くが原因論の立場に立つこと，特にその典型がフロイトの心的決定論と呼ばれる精神分析にあることを指摘した。詳細は後述することにして簡潔に述べると，フロイトの心的決定論とは，神経症やうつ病等々といった症状（結果）を持つクライエントは必ず，乳幼児期における親子関係の不和やそうした人間関係の中での不快な性的体験，ひいてはトラウマ（心の傷）を原因（病因）とする，というものである。要するに，現在の症状や問題行動（結果）は，過去（乳幼児期）に体験したトラウマ（原因）に遡及できるというわけだ。しかも決定論ということから，こうした「原因－結果」もしくは「過去－現在」は，すべての人間に共通したものであり，2つのあいだには自然科学の法則のように，科学的な因果関係が成り立つと考えられる。しかも，フロイトを鼻祖とする心的決定論においては，セラピスト（精神分析家）が原因を追求し，それを取り除くことによってクライエントの問題・症状は改善されると捉えられた。

ただ，心的決定論の立場に立つ精神分析の場合，セラピストが原因を追求することに多大な時間がかかることから，クライエントに対し時間面でも費用面でも過重な負担をかけることになる。しか

も，セラピストの技量によって原因が判明したところで，クライエントがその原因を直視し，理解することは治癒・寛解に向かうどころか，かえって症状を悪化させる危険性もある。

このように，心的決定論に典型される精神分析，もしくは精神分析に準じた心理療法は，過去（乳幼児期）が現在を決定するという理論的な問題に加えて，その理論に準じて治療を行った場合，クライエントの症状が良くなるという保障がないどころか，かえって悪化する場合さえあるのだ。

いま述べたことからすると，原因（病因）論の典型としての心的決定論そのものを批判することはそれほど難しくはない。問題は，今日，心的決定論ほどリジッドな心理療法ではなくても——その延長上にある——，原因論の立場に立つ心理療法（心理学）が多々存在するということの方である。むしろ，当の心理療法（心理学）が自ら原因論の立場に立つ，という自覚を持っていないことが現状である。ただし，J.ハーマンの記憶回復療法は例外である。ハーマンは初期のフロイトの誘惑論，すなわち幼少期に親からの性的虐待または性的誘惑が実際にあったと捉える立場を採りつつ，クライエント自身が受けた過去の性的虐待という記憶をクライエント自身に想起させることによって，青年や成人になった自分がいま直面している問題の責任がすべて両親にあるのだと責任転嫁して肩の荷をおろさせようとした。このセラピーではクライエント自身が被害者であり，両親が加害者であるという対立の構図となる。結局，ハーマンの記憶回復療法は良い成果を出すどころか，クライエントおよび加害者とされた両親を窮地のどん底へと突き落とすことになる（ハーマンには「マインドハッカー」という蔑称が付けられた）。良し悪しはさておき，ハーマンはフロイトのトラウマ主義を文字通り実践したのである。

ところで，このように問題の多い原因（病因）論に対し，目的論の立場に立つ心理療法（心理学）が存在する。その代表は，前述したように，アドラー心理学である。アドラー心理学では，原因論，ひいては原因論に随伴する決定論（過去決定論）を痛烈に批判するとともに，過去を参照しつつも未来への期待や不安から目的論（目的－手段）を積極的に展開する。原因論と比べて目的論が圧倒的に有利なことは，目的論の立場に立つ心理療法（心理学）が症状や問題行動を解決することが容易かつ具体的にあることにある。原因論はフロイトでなくても，重たい過去の体験やその意味づけに呪縛されてしまい，その重苦しい状態から抜け出すことが困難である。少なくともこうしたイメージを抱きがちであるのに対し，目的論は過去そのものに束縛されないため，いま，ここからすぐに自らを変えていくことに加えて，具体的な形で行動（アクション）を起こすことができるのだ。いま，ここで（ここから）行動（アクション）を起こすこと自体，クライエント自らが変化したことの証左なのである。それと比較すると，原因論はクライエントを行動できない観念論者に仕立ててしまう。このように見ると，両者の違いは相当なものである。そのことからすると，目的論を提唱したアドラー心理学が今日，これほど脚光を浴びるのも当然のことだと考えられる。

　ところが，アドラー心理学は目的論の立場に立つことを提唱しながらも，筆者からすると，目的論を理論的に展開することはしなかった。アドラー心理学の目的論は，クライエントに対し，「このようになりたい」，「このようなことがしたい」等々という目的を立てて，いま，ここから行動を起こすことに尽きる。心理臨床の場面でいうと，カウンセラー（セラピスト）がクライエントの自己決定性，すなわちクライエントは自分の人生（生き方）を自ら選択するとともに，決定することができるのだという人間観を最大限尊重する立場

からいま、クライエントは「どうなりたいのか」や「どのようにしたいのか」などといった目的を捉えることとなる。裏を返せば、アドラー心理学からすると、カウンセラー（セラピスト）が自ら習得した心理学や臨床心理学、特に精神分析の知識や技術を用いてなぜクライエントの症状が起こったのかという原因を考え抜いても、その原因は単にセラピストによる説明にすぎないのであって、クライエント本人とは何ら関係がないのである。難解な概念を駆使しての説明も同様である。セラピスト自身がクライエントの病因や症状を説明するために、都合の良い概念を用いるのであるから、説明することができて当然なのである。問題は、難解で抽象的な概念を駆使すればするほど、それに基づく説明は、より一層クライエントから離れてしまうことだ。その残骸こそ、心理療法についての概念もしくは専門用語と呼ばれる仮説構成概念である。

　確かに、アドラー心理学の原因論批判および目的論の提起は、心理療法の臨床場面における自己決定性の尊重という点で異彩を放っている。にもかかわらず、それ以上の論理的な進展は見られない。したがって、この程度の目的論では実存主義心理療法のようなものと何ら変わりはない。極論すれば、アドラー心理学は、フロイトや精神分析をはじめとする原因論の立場に立つ心理療法（心理学）を痛烈に批判した割には、目的論の理論化についてはまったく不十分であるとともに、瞠目すべきものがない。だからこそ、アドラー心理学は自己啓発のための心理学として社会に受け入れられることにとどまったのではなかろうか。確かに、アドラー心理学は人生や生き方の変革を明確に示唆しており、それはビジネス社会に役立つものであることに相違はない。

　もっとも、アドラー心理学は、原因論を理論的に批判したわけではないので、もしかすると、目的論の理論化が不十分なのも当然の

ことなのかもしれない。つまり、アドラー心理学は原因論／目的論という心理療法（心理学）の分水嶺を明確に示したことにこそ、最大の功績があるといえる。アドラー心理学が示した原因論批判が従来、一般の心理療法（心理学）が自明の前提としてきたことを捉え直すきっかけを与えたことは確かな事実なのである。

このように、アドラー心理学の弱点というべき目的論であるが、それを補填することができる、もしくは進展させることができる手がかりとなり得るのが後で詳述する行動分析学、特に応用行動分析学のＡＢＣ分析なのである。筆者は前著［中井、2015ａ］を通して無謀にもまったく異なるタイプの心理療法である、アドラー心理学と行動分析学との接ぎ木を行った。いまでも、この接ぎ木は正しかったと確信している。ところが、この接ぎ木の手続きは粗雑であり不十分であったと反省している。したがって本書は、アドラー心理学と行動分析学を適切に接ぎ木し直すこと、およびそのプロセスを記述することを企図している。

では、両者をつなぐためには、どのような手続きを行えばよいのであろうか。筆者が考えたのは、行動分析学から（その中に）含まれている正しい因果律方程式を抽出するために、D.ヒュームの主観的、経験的な因果律についての捉え方へと立ち戻ることである。というのも、ヒュームはすべての科学的因果律を懐疑していて、科学以前の世界（現象学でいう生活世界）から因果律を一から捉えているからである。客観的といわれる科学的因果律は、ヒューム的な立ち返りによってそのほぼすべてがリセットされ、一から捉え直されることになったのだ。具体的には、Ⅵ章で述べるように、行動分析学（行動科学）はヒュームの経験論によって行動科学が成立する以前の推論形式（思考形式）が抽出されることになる。Ⅵ章で詳述するように、何度も繰り返されるところの行動の法則は、ヒューム

への立ち返りを通して，初発（1回目）の行動についての推論形式だけが因果命題として取り出されることになるわけである。

　しかしながら，急ぐことはない。まずは，アドラー心理学の目的論の進展の契機となり得る，この「黄金律」としての因果律方程式を，行動科学としての行動分析学から取り出すためにその手続きとしてヒュームの因果律について言及していくことにしたい。勿論，本書でヒュームの因果律を取り上げるのは，こうした目的のためだけではない。むしろヒュームの因果律論には，心の問題を抱え込む今日の私たちにとってきわめて重要な，因果律についての知見が含まれている。だからこそ，経験論の立場に基づく因果律論に立ち戻って，正しい因果律とはいかなるものかについて一から考察していくのである。

　以上述べたことを踏まえて，本書は心理療法（心理学）における原因論の再検討を行うことを目的とする。原因論とは，原因－結果から成る因果律を実在すると見なす立場の謂いである。それは，現在の結果は過去の原因に遡及して説明できると捉える推論を擁護する立場である。したがって，本書の目的となる原因論の再検討とは，因果律論の吟味に収斂する。これから原因論を因果律論として再検討していくが，因果律について考えるスタート地点をニュートンと同時代の――近代科学（自然科学）が興隆しつつあった時代の――，近代の哲学者，D. ヒューム，特に著書『人性論』に置くことにする。本書は，ヒューム研究書ではないため，ヒュームその人については言及しないが，ヒュームはニュートンをはじめ，近代科学が興隆しつつあった時代・社会の中で，科学的因果律への懐疑や因果律という精神活動の解明などに着手した。ヒュームの因果律論は，今日においてもなお，色褪せることはない。次に，ヒュームの『人性論』やヒューム研究者の見解から因果律の本質と特性を取り出し，

心理療法(心理学)における因果律の問題を考察していく上でのベースとしたい。

なお、本書は前述の通り、心の問題を中心に因果律について述べていくことにしたい。因果律については、分析哲学や科学哲学が示唆するように、可能世界論にまで及ぶ反事実的条件分析（D. ルイス）や逆向き因果（M. ダメット）をはじめさまざまな展開・進展が見られる［Lewis, 1973＝2007／Dummett, 1954＝1978／秋葉剛史・倉田剛, 2014／中村隆文, 2016］。本書ではこうした多種多様な展開があることを十分認識しながらも、それらには言及せず、ひたすら「心および情動の因果律」に集中していくことにしたい。

付記　「原因」と「理由」——その共通性と差異性

　これから因果律について論を展開していくにあたって類似した言葉、「原因」と「理由」の違い、特に各々の使用法についてあらかじめ明確化しておきたい。

　一般に、論理的思考には「原因系」と「目的系」という2つのタイプがある。それに対応して心理学にも、「原因論」の立場と「目的論」の立場という2つのタイプがあるということについてはすでに言及した。

　原因系もしくは原因論に属する言葉としては、「原因」、「理由」、「根拠」といったおよそ3つがあり、これらは各々、「結果」、「結論」、「主張」といった3つが対応している。特に紛らわしいのは、「原因」-「結果」というペアと、「理由」-「結論」というペアである。これに対し、「根拠」-「主張」というペアは、議論の文脈において発言者が自らの「主張」、すなわち暫時的なものも含め「結論」の正当性・妥当性を他者に向けて説得・納得するときに用いる言語行

為である。

 問題は、「原因」と「理由」との差異である。「結果」と「結論」との差異は、この差異から帰結する副次的なものであり、しかも、「結果」と「結論」は同義語と見なしても差し支えないと考えられる(「原因」と「理由」について考える過程でその違いが理解されてくる)。

 結論から述べると、「原因」と「理由」の違いを明らかにすることはきわめて難しい。『大辞林(第3版)』によると、「原因」とは、「ある物事や状態を引き起こしたもとになった事・出来事」であるのに対し、「理由」とは、「なぜそうなったかという筋道。また、なぜそうするかという根拠」と記述されている。

 辞書の定義からすると、どちらかというと、「原因」が自然現象の法則のように、ある事柄を引き起こすところのもとにある何かであるのに対し、「理由」は、自然現象の法則に限定されず、広く人間的な事柄や心理的事象にかかわる事柄を価値をもって起こさせるところの何かである。端的には、「原因」は事実に関係する言葉であり、「理由」は価値に関係する言葉であると考えられる。

 しかしながら、こうした辞書的な区別を行っても、一向に両者の差異はクリアにならない(ただ後でわかることであるが、前述した区別はまったく役立たないわけではない)。そこでこの区別について斬新な考え方をしている分析哲学者の一ノ瀬正樹の提案を次に詳しく見ていくことにしたい[一ノ瀬正樹、2004：1-19]。

 まず、一ノ瀬は、正攻法のやり方で「原因」と「理由」を区別する。その結果、両者は次の3つの点で異なるという。すなわち、(1)「原因」は時間的推移を包含した概念／「理由」は無時間的な概念(正当化の論理に基づくので、時間性から独立している)、(2)「原因」は自然的できごとに適用される／「理由」は意味的内容に当てはめ

られる，(3)「原因」は外延的／「理由」は内包的，となる。

　ところが，一ノ瀬はこうした区別は大筋であって，厳密なものではないと判断する。むしろ両者は異なる素地を持ちながらも，互いに反転しあったり，混合しあったりすることで，区別そのものがゆらいでいるのが常態なのであって，そのことからすると，「『原因』と『理由』をほぼ同じ仕方で用いるという私たちの使用法にも，十分な正当性があったことが了解されてくる」［同前：6］とさえ述べている。

　そこで一ノ瀬が「原因」と「理由」について新たな捉え方を提起する。敷衍すると，次のようになる。なお，次に整理した①〜③は④〜⑩の前提となる。

①「原因」と「理由」には強力な共通性がある。すなわちそれは，「なぜ」，「どうして」といった問いに対する「なぜならば」文（および事実上それに該当する文，たとえば「だから」，「ゆえに」等々）の中で用いられるということである。

　「なぜならば」文の「なぜならば」に対応する英語の「because」は「by cause」（原因によって）から発した語であり，それが「for the reason that」（これこれの理由のゆえに）を意味していることから見て，「原因」と「理由」の対比のありようを探るには，「なぜならば」文に焦点を合わせば良いことになる。

②「なぜ」と「なぜならば」を実際に発話して用いている場面を基本モデルとして捉える。よって，それ以外の，単に自分の頭の中でだけ自己問答（自問自答）している場合も，言葉を用いて内語として発話している状態として解する。

③総じて，推論，認識，行為のすべてについて何ごとかを理解す

るという知的営みは,「なぜ」と「なぜならば」という発話を通じた「原因」と「理由」の理解実践(通常の表現では,認識)である。

④ さまざまな文脈で現れるさまざまな事柄の「原因」と「理由」は,「なぜならば」文を発したその瞬間にそうした「原因」と「理由」としていわば生成するのであって,本質的に「なぜならば」文と一蓮托生の関係にある。

⑤「原因」と「理由」という知的な理解実践(推論,認識,行為など)の現場となる,「なぜ」と「なぜならば」の応答を,ゴスペル・ブルース・ジャズ・交唱・対位法などの特殊な音楽をもとに考案した人間の理解実践一般のモデルとしての「呼びかけと応答」の形式から捉える。このモデルからすると,「原因」と「理由」は「なぜならば」文の音声(自己内問答の発話も含む)として誕生する(何よりも重要なのは,音声から始まるということである)。

⑥ 理解実践が「呼びかけと応答」の連なり(積み重ね)だとすれば,「なぜならば」文それ自体が「なぜ」の疑問を生み,次の「なぜならば」文を誘発していく。このとき,「原因」は「音・響き」,「理由」は「声・歌詞」といった対比となる。

　「なぜならば」文に生成する「原因」とは「なぜならば」文の「音」であり,「なぜならば」文に生成する「理由」とは「声」である。あるいは,「なぜならば」文に現れる「原因」とは「響き」であり,「理由」とは「歌詞」である。

⑦「呼びかけと応答」の段階的連なりに現れる3つの「なぜならば」文の場合,1つ目の「なぜならば」文は,次の「なぜ」を引き起こす2つ目の「原因」となり,2つ目の「なぜならば」文は,次の「なぜ」を引き起こす3つ目の「原因」となり

……，以下同様（and so on）となる。
⑧こうした理解実践を前述したモデルを用いつつ，事例で説明すると，次のようになる。
  1)「なぜ渋滞しているのか」　　　→「雪が降ったからだ」
  2)「なぜこんな時期に降ったのか」→「異常気象だからだ」
  3)「なぜ異常気象だとわかるのか」→「ニュースでそう解説していたからだ」

この事例の理解実践は，次の通りとなる。
原因：1)の「雪」という「音・響き」→次の「なぜ」を引き起こす次の「原因」→
　　　2)「なぜならば」文→3)へ続く
理由［1)→2)の信念の推論構造］：
　　　「雪」が「声・歌詞」という次の「理由」となる→
　　　3)へ続く
⑨「雪」という「音・響き」→「雪」が「声・歌詞」として聞こえる→渋滞と雪との関係を信念として持つという意味連関としての「理由」の誕生
　　（「原因」＝「音・響き」から「理由」＝「声・歌詞」へ）
⑩「なぜならば」文に現れる「原因」や「理由」は「不確実性」にすみからすみまで侵されている。

以上敷衍した一ノ瀬による，「原因」と「理由」の捉え方を本書で活用すると，次のようになる。

「なぜ（どうして）」と対となる，「なぜならば」文（および事実上それに該当する文，たとえば「だから」．「ゆえに」等々）は，「原因」と「理由」に共通しているが，理解実践（認識）を「呼びかけと応答」の連なりから捉えると，「なぜならば」文それ自体が「な

ぜ」の疑問を生み、次の「なぜならば」文を誘発する（以下同様）。そしてこのとき、「なぜ（どうして）」の「原因」は「音・響き」、「理由」は「声・歌詞」に各々に対応する。「原因／理由」は、「音・響き／声・歌詞」といった対比となるが、こうした対比は、前述したように、「原因」は自然現象の法則のような、事実を引き起こす何かに、「理由」は人間の事柄や心理のような、価値や信念を引き起こす何かに、各々匹敵する。

　以上のことから、本書では一ノ瀬の提案に沿って「原因」と「理由」を区別しないまま、特別に断らない限り、「因果律」としての、「原因」－「結果」の「原因」に統一して論を展開することにしたい。文脈によっては「原因」よりも「理由」が妥当である場合（前述した⑧の場合）もあるが、その場合はその都度、「原因」が「理由」というベースに支えられていると解釈される。

　これから以降は正式に、「原因＝理由」という意味での「原因」に統一することにしたい。繰り返し強調するが、文脈によっては「原因」はそのベースにある「理由」によって支えられていて、（たとえば、「雪」という）「音・響き」を「声・歌詞」として意味づけているのである。

　さらに、あらかじめ付け加えておきたいことがある。一ノ瀬は因果律が必然的な特徴について「いかなる認識、いかなる活動も、内在的には完結しておらず、必ず外在的『原因』によって発現しているのだが、そうした『原因』はつねに文字通り外在的であって、いつでも背景へと後退していってしまう」［一ノ瀬正樹、2001：7］。こうした事態のことを「因果的超越」［同前］と呼んでいる。要するに、因果律における「原因」は、常に自己自身の〈内部〉にはなく、他者という審級のもと、認識および認識者の〈外部〉にしか位置することしかできないのだ。この指摘は重要である。ただそのこ

とは，私たちがさまざまな事柄を認識（意識）したり考えたりするとき必然的に，認識（意識）や言葉という媒体を前提とせざるを得ない。因果律についても制作する（使用する）主体だけで自己充足することは不可能なのだ。また，この「因果的超越」は，互盛央が指摘するニーチェの因果性批判，すなわち，思考の「原因」としての「私」について語る権利がこの不確かな「私」にはないことを明確化したものである［互盛央，2016：35-36］。つまり，ニーチェの因果性批判がその内在主義批判だとすれば，一ノ瀬の「因果的超越」はそれを外在主義の立場から積極的に捉え直したものであると考えられる。

I

因果律とは何か
──D. ヒュームへの遡及

1. 因果律の成立条件──投影主義の立場

　本章では，序論で述べた通り，D. ヒュームの因果律についての考え（因果律論）にまで戻ってそれをスタート地点としつつ，そもそも因果律とは何かについて考えていくことにする。

　ところで，原因論とは，「過去」のある事柄が「原因」となって「現在」のある事柄が「結果」として起こっている，と捉える立場または考え方・信念のことである。この場合，過去のある事象Aと現在のある事象Bが「原因」-「結果」という関係として結びついているのである。そのことを特に因果関係（本書では，「因果律」）と呼ぶ。

　したがって，因果律とは，2つの出来事（事象）が原因と結果という関係で結びついていること，あるいは，結びついているかどうかを問題にした概念となる。では，因果律は普段どのように制作され，使用されているのかが問題になるが，このことは後述することにして，ヒュームが経験論の立場からまとめた，因果律の成立条件について述べることにする。

　まず，注目すべきことは，ヒュームがすべての科学のベースとなる因果律を懐疑して，すなわち客観的な因果律が無条件で成り立つということを否定して，主観の立場から因果律の成り立ちを検討していることである。この点は因果律を一から考える上で最重要であ

る。というのも、ヒュームはニュートンの法則などごく一部の科学的因果律を除いてあらかじめ制作された科学的因果律を信憑せず、懐疑した（とはいえ、これは、ヒュームの因果律論をベースに一から新たな因果律の構築を目指す筆者からすると、不徹底なものである）。

ヒュームが因果律の成立条件としたのは、原因とされるものを「A」、結果とされるものを「B」とした場合、次の4つである。

① 「A」と「B」が空間的に近接していること（「接近」と呼ぶ）
② 「A」が「B」に対して時間的に先行していること（「継起」と呼ぶ）
③ A'とB'という2つの印象の繰り返しによって、類似したことを未来において経験する（「恒常的連結」と呼ぶ）
④ 「A」の「B」のあいだには両者を結びつける何かがあること（「必然的結合」と呼ぶ）

いま、因果律の成立条件を挙げたが、この中で最も因果律らしさを示すものは、3つ目の「恒常的連結」である。私たちが「因果律」という言葉からまずイメージするのは、過去に体験した類似した事柄やできごとが未来においても繰り返し起こるであろうという期待である。たとえば、ガラスのコップが机の上から落ちて割れるのを過去に体験すれば、その後、同じような場面に遭遇したとき——たとえ、その場面がテレビ映像であっても——、コップが割れることを期待（確信）するであろう。

そして、因果律の成立条件としては、いま述べた③類似した経験を繰り返す「恒常的連結」をベースに、①空間的な「接近」、②時間的な「継起」、④2つの事柄を結びつける「必然的結合」といっ

た4つがある。しかもヒュームは、2つの事象を必然的に結合させるところの、この目に見えない精神活動を「想像」に求めた。つまりそれは、「想像」による「習慣」的な観念の連合原理である。この場合のヒュームのいう「想像」とは、まさに「心」の働きのことである。この場合の「心」は、「自己」、「意識」、「主観」等々と言い換え可能な概念である。つまり、因果律はヒュームが述べるように、「心の決定」に基づくのだ。もっというと、「心（自己／意識／主観）」がかかわるところに初めて因果が発生する。因果律は私たちの「心」が作る以上、これによって作られた因果についての信念は蓋然性（確率性、偶然性）の域を出ないことになる。というのも、ヒュームが述べるように、因果律は、「心＝主観」が恣意的に、もっというと、まったく自由気儘に作るものだからだ。ここで因果律を「つくる」ことをモノを製作する場合のそれと区別して、広義に文学や詩を作るなど言語による作品づくりのそれと解釈して、以下では「制作（する）」と（あらためて）呼ぶことにしたい。

　したがって、二者間の必然的結合とは、「心」による因果律の制作、もしくは「心」による事象への因果律の投影のことを意味する。ヒュームの因果律の制作とは、主観的因果律の制作の謂いであり、私たちの眼前で偶然起こっている事象（できごと）に対し私たちが精神活動によって恣意的に結合したものにほかならない。こうした「心＝想像」に基づく主観的な因果律の制作からすると、ニュートンの万有引力の法則などのごく一部の自然科学の法則を除いて、"客観的"に見える因果律そのものの実在は疑わしいことになる。ヒュームが懐疑主義だといわれるのは、この所以である。

　この点について分析哲学者の飯田隆は、「世界の事物にわれわれが帰する性質のあるものは、実際はわれわれの態度の『投影』であるとする立場のことを『投影主義（projectivism）』と呼ぶ。ヒュー

ムの懐疑的解決は，因果性についての投影主義の主張であると解釈することができる。」[飯田隆，2016：95] と述べている。飯田からすると，「われわれの経験を世界に投影したものが因果性」[同前：92]，もしくは，「因果性とは，われわれの態度の世界への投影」[同前：97] なのである。

　さらに飯田は，ヒュームの懐疑的解決を進展させる形で，「出来事Aは出来事Bの原因である」という個別的な因果言明が「タイプAの出来事の後には常にタイプBの出来事が観察される」といった，私たちの経験の規則性や真理条件を述べる「事実言明」ではないとしながらも，観察行為を含む事実命題が個別的な因果言明の「正当化条件」を付与することにおいて両者は結びついていると捉えている [同前：97-99]。つまり，因果律を示す個別的な因果命題はあくまで私たちの態度の，世界への投影ということから事実命題ではないにもかかわらず——たとえ，事実命題と同じ形式を具備しているにしても——，個別的な因果命題として表された出来事や事柄が観察されているような状況に限り——真理条件に対する正当化条件——，事実命題と同一の形式を採る因果命題を制作することは許されるのである。裏を返せば，そのことは，因果律それ自体が私たちの経験およびその規則性の有する特徴なのか，それとも，世界の有する特徴なのかに関する位置づけの難しさを物語っている。ヒューム的には，因果律は私たちの経験（態度）の投影であることは明らかであるが，一般的には世界の持つ規則性もしくは特徴だと誤認されている。こうしたジレンマを解消するには，飯田が提起した正当化条件を持ち出す以外に手立てはないのだ。

　因果命題についてはさておき，ここで重要なのは，因果律は私たちの因果律についての基本的理解に反して，私たちの「心」が世界へと投影されたものだということである。それゆえ，因果律は世界

の規則性や特徴について示したものではないのだ。ましてや,事実命題では決してない。

2．なぜ因果律は制作されるのか

　いま述べたように,ヒュームが唱える因果律の4つの成立条件のうち,経験的に見て因果律らしさを示す③「恒常的連結」はさておき,因果律の本質から見て最重要なのは,「必然的結合」,すなわち空間的には接近し,時間的には継起している,AとBを結びつける,この見えない何かまたは働きである。それは意外なことに,私たちの「心」,「主観」（ヒュームのいう「想像」）が制作したものであった。だからこそ,私たちの「心＝主観」が制作する因果律は蓋然性の域を出ないことになる。

　しかしながらもう一度,原点に立ち返って,因果律とは何かについて考え直してみると,これまで述べてきたヒュームの因果律論について根本的に見直さなければならないことがある。それはそもそも,因果律とは一体どのようなときに制作されるのかということである。

　ヒュームの因果律論も,そして彼の因果律を理解する私たちも,因果律が制作される状況や場面について捉え損ねている。思い起こせば,因果律そのものは,私たちの「心＝主観」（「想像」）に基づいて恣意的に制作されたものであるがゆえに,蓋然性の域を出ないのであった。つまり,主観的に制作された因果律は,必然性に乏しいか,あるいは,必然性が疑わしいかのいずれかであった。こうした捉え方は,因果律について転倒したものではないのか。そもそも,ある事象（できごと）の必然性が疑わしいからこそ,人間の「心＝主観」は事象（できごと）,――単一的全体性――を,「原因」と

「結果」といった2つの要素に分ける、正確には分けて記述するのではなかろうか。

裏を返せば、「原因」と「結果」の結合が必然的になる場合は、1つの事象（できごと）だけが存在することになる。むしろ日常生活の大半は、1つの事象（できごと）もしくは単一の行為だけがあるというのが常態なのだ。不全な状況、もしくは不確定な状況でもないのに、「なぜ」、「どうして」という問いの形で因果律を用いて事象（できごと）を分析する方が稀なことなのである。「なぜ」、「どうして」という問いを積極的に行うのは、学校くらいである。学校では児童生徒に科学的思考を習得させるために、故意に不確定な状況を作り出し、彼らに事柄や事象について「なぜ」、「どうして」と問わせ、因果律を制作させて考えさせている。

たとえば日常の単純な行為としては、「自転車に乗る」、「電気のスイッチを入れる」といった言い回し、日常の心理的、身体的な営みとしては、「対人関係がうまくいっている」、「学業や仕事が順調である」、「体調が良い」といった言い回しがある。

普通私たちは、自転車に乗って買い物に出かけるとき、「自転車に乗る」という単一の行為（できごと）ですべてが完了している。こうした行為そのものに気を留めることさえしない。「自転車に乗る」という行為は、一旦、その技能を身につけたならば、日常のほとんどの営みと何ら変わらない無意識的な行為（いわゆる習慣）となるのだ。

ところが、「自転車に乗る」という行為が記述する必要性のない、いわば自明なものではなく、意識的に捉えるべき事態が生じてくる。よくよく考えれば、私たちは「自転車に乗る」という単一の行為を意識的に取り上げるとき、その行為は「ペダルを漕ぐと、自転車が前に進む」という具合に、2つの単文を結合したものであることが

わかる。「自転車に乗る」という1つの事象（できごと）は、ある契機によって「ペダルを漕ぐこと」と「自転車が進む」といった2つの事象（できごと）に分離されるのだ。

それ以外のケースで見ると、「対人関係がうまくいっている」は、たとえば「温厚な性格なので、対人関係がうまくいっている」となり、「温厚な性格」と「対人関係がうまくいっている」という2つの事象が結合したものであることが理解される。「学業や仕事が順調である」も同様である。これは、たとえば「頑張り屋なので、学業が順調である」と記述することができる。

ただ、いま述べた例はいずれも、何も問題が起こっていないときの記述であるということに留意すべきである。容易に予測できるように、因果律の制作は、ある事象（できごと）がうまくいかないとき、もっというと、のっぴきならない逼迫した状況のときに初めて行われるのである。

では、「ペダルを漕ぐと、自転車が進む」というように、説明（記述）を2つ（以上）に分けるのは一体、どのようなときか。行動の［前］と［後］という2つのケースに分けて述べることにしたい。

まず、行動の［前］の「ペダルを漕ぐ」という場合である。この場合、事象が意識化されるのは、2通りある。

1つ目は、ペダルを漕ぐのに不慣れなときである。具体的には、幼児をはじめペダルを漕ぐ（または、それ以前に自転車に乗る）のに不慣れな人（初心者）が使用するときである（最新の自転車事情からすると、幼児でなくても、電動付き自転車のように、複雑な操作を要する新型自転車の前では誰しも操作に不自由を感じるであろう）。

2つ目は、ペダルが故障していたので、修理に出していて戻ってきた場合である。その場合は、故障していないときよりもペダルの

ことを意識して操作する必要がある。

　これら2つのケースを要約すると,「ペダルを漕ぐ」ことが意識されるのは,「ペダルを漕ぐ」ための行為が不全もしくは不確定なとき, すなわち必然的でないとき, となる。

　ヒュームの因果律の成立条件の中に, 空間的な「接近」と時間的な「継起」があったが, この事例では時間的な「継起」を満たしていることは疑いようがない。それに対し, 空間的な「接近」については,「ペダルを漕ぐ」と「自転車が前に進む」という2つの分離された事象のあいだには, 多くの因果律の連鎖が想定され得ることから, 条件を満たしていないと考えることができる。

　たとえば,「ペダルを漕ぐ」と「自転車が進む」という2つのあいだが空間的な「接近」を満たすためには,「原因－結果」のセットが最低, 2つ以上――あるいは3つ以上――の長い因果連鎖が想定されることが必要となる。

　具体的には,「ペダルを漕ぐ」-「クランクが回る」-「クランクについてローラー・チェーンが回る」-「ギア板に付いているチェーンが引かれる」-「チェーンに付いている後輪ギアが回る」-「後輪がローラーと接して抵抗となる」-「自転車が前に進む」といった因果連鎖となる。これらのあいだにはさらなる細かな因果連鎖を挿入することも可能である。

　この事例はともかく, よくよく考えるならば, 原因－結果のあいだ（「－」）には, 多くの因果連鎖を想定することができると考えられる。複雑な事象であればあるほど, 因果連鎖は限りないものとなる。

　想起すれば, 江戸時代の言葉遊びの1つに, 因果連鎖を捉ったものとして,「風が吹けば桶屋が儲かる」がある。この因果連鎖は次の通りである。すなわち,「風で土ぼこりが立つ」→「土ぼこりが

目に入って,盲人が増える」→「盲人は三味線を買う(当時の盲人が就ける職に由来)」→「三味線に使う猫皮が必要になり,ネコが殺される」→「ネコが減ればネズミが増える」→「ネズミは桶をかじる」→「桶の需要が増え桶屋が儲かる」。勿論,この因果連鎖の中には,「風で土ぼこりが立つ」→「土ぼこりが目に入って,盲人が増える」というように,実際にはあり得ない論理的な飛躍が見られる。ただ,この因果律を除くと,ありそうであり得ない結びつきが見られる。これら2つのタイプの因果律がない交ぜにされているところに,かえってこの作品の面白さがある。

次に,行動の[後]の「ペダルを漕いでも自転車が前に進まない」という場合を考えてみる。この場合,事象が意識されるのは2つのケースである。ただし,2つ目は1つ目から派生したものであることから,事実上は1つ目のみと考えられる。

1つ目は,ペダルもしくは(および)自転車が故障しているときである。この場合はペダルという機械(機具)であるが,人間の場合でいうと,本書の課題である何らかの心の病や症状や問題行動に対応する。「ペダルを漕ぐ」から「自転車が前に進む」までの長い空間的距離を近づける(「接近」させる)ために,すでに長い因果連鎖を記述したが,機械が故障している場合は,それを修繕するために,「なぜ」,「どうして」といった因果律および長い因果連鎖の説明(解明)が必要となる。そして,「対人関係がうまくいかない」クライエントの場合もまた,機械の故障と同様,対人関係がうまくいかない「原因」を探究・解明することが必要となる。

2つ目は,前述した1つ目のことを知らずに,自転車に乗った場合が該当する。要は,「自転車が前に進む」ための行為は確定している(不確定でない)が,実際は故障しているため,「自転車が前に進む」という行為が完了しない,あるいは,達成できないケース

である。前述した，ペダルや自転車のメカニズムの解明・確認と，故障部分の発見などが要請される。ただ確認すべきなのは，すでに示した因果連鎖の解明（メカニズムの解明）が本当に必要となるのは，故障のときなのであって，行動の［前］で述べたペダルを漕ぐのが不慣れな人の場合ではない。勿論，故障のとき，ペダルの操作から自転車が進むことへと至る因果連鎖を解明して，故障箇所を発見できるのは，自転車屋（自転車修理業者）であって，それ以外の人たちはこうした因果連鎖を制作する能力や技術を持ち合わせていることは稀である。

　いま，なぜ，これほど当たり前のことを長々と述べたのかというと，これが科学技術の知識を要する自転車などの機械ではなく,「対人関係がうまくいかない」とか「学業が不振である」とか「体調がすぐれない」といった，いわゆる心の問題の場合，その因果連鎖を正確に制作することがはなはだ困難だということを示したからである。その中には，心因性に基づいてさまざまな因果律や因果連鎖を制作するカウンセラーやセラピストだけでなく，内因性に基づいて最新の脳科学を駆使しつつ科学的な因果律や因果連鎖を制作する精神科医も含まれている。

　繰り返し強調すると，ある事象（できごと）――単一的全体性――について，必然性が疑わしい，すなわち不全であるからこそ，私たち人間の「心＝主観」はある１つの事象（できごと）を「原因」と「結果」という２つの要素およびさらなる無限の因果連鎖に分離して記述することを通して，必然的でないこと，すなわち不全であることを改善するのである。

　そうであるならば，不全な最たるケースは，私たちに心の問題が起こるときである。心の問題ほど不全な状況はない。裏を返せば，前述した「対人関係がうまくいっている」とか「学業が順調である」

とか「体調が良い」といった場合は、不全な状況にないということによって、元々、因果律を制作する必要はないのだ。

　原因と結果から成る因果律、およびこのあいだに挿入される多くの因果連鎖は、不全であることを改善することにより、予期・予測可能な（＝他であり得ない）状態を生み出すことを意図している。これがヒュームのいう「想像」、すなわち私たちの「心」の働きにほかならない。

3．J.マクタガートの時間系列と心による因果律の制作

　ところで、因果律の成立条件として4つの要素を挙げつつ、類似した経験の繰り返しとしての「恒常的連結」を初発とし、空間的に近接していること（「接近」）と、時間的に先行していること（「継起」）を踏まえつつ「原因」と「結果」を結びつけるものとして、「心＝主観」による「必然的結合」について詳述してきたが、論理の展開上、ここまで時間的に先行していること、すなわち「継起」については詳述してこなかった。そこで次に、「継起」を中心に、因果律にかかわる時間的な問題について論述することにしたい。この課題に取り組むにあたって、J.マクタガートの時間論を補助線とすることにしたい。

　ところで、マクタガートは、時間を時間構造の相違から大きく3つに分類している。なお、マクタガートは、時間が実在し得ないことを証明するために、3つ目のタイプとしてC系列という時間系列を持ち出すが、本章の目的から考えてC系列は除外することにしたい［内海健、2012：48-49］。その上で、マクタガートが分類した2つの時間系列、A系列とB系列について説明すると、次のようになる（なお、マクタガートの時間論については、［同前：2012／青

山拓央，2008］を参照した）。

　まず，A系列という時間系列であるが，これは，図1のように示される。A系列の主な特徴は次の通りである。

　　①出来事Eは（今は）未来であり，（これから）現在となり，過去となる。
　　②出来事Eは（かつては）未来だったが，（今は）現在であり，（これから）過去となる。
　　③出来事Eは（かつては）未来だったし，現在だったが，（今は）過去である。

このように，A系列は，「過去－現在－未来」という時間構造から成り立ち，時間は常に現在を中心に未来→現在→過去へと未来から過去へと移り変わっていく。A系列の場合，なぜ，このような時間構造になるかというと，それは私たちが「心＝主観＝自己」を常時，「現在」へと滑り込ませて，「内部」から時間を捉えるからである。つまり，A系列にあっては，私たちの「心＝主観＝自己」が「過去－現在－未来」の「現在」に身を滑り込ませつつ，「過去」－

図1　マクタガートのA系列／B系列［青山拓央，2008：40］
（心による因果の制作にかかわる時間）

「現在」という因果律を制作するのである。このとき、私たちの「心＝主観＝自己」がわが身を滑り込ませるところの「現在」は、「未来」から到来しつつあるが、そのことはたとえば、私たちが動いている乗り物から降りるとき、急に乗り物から離れると危ないので、（降り場に）設置された移動式歩行道路（歩く舗道）へと移動しながら出口に向かうのと同じように、私たちの「心＝主観＝自己」は「未来」から到来してくる「現在」を捕獲（キャッチ）して、この「現在」にわが身を滑り込ませて因果律を制作するわけである。したがって、A系列は、「心＝主観＝自己」の関与にともなう時間の経験化が示されている。

次に、B系列という時間系列であるが、これは、図1のように示される。B系列の主な特徴は次の通りである。

① 「より前」、「より後」という時間的な順序関係を示す。
② 出来事EはFより前、出来事EはFより後、という二項関係からなる。
③ EからFになったという推移的関係を示すもので、FからEになることはないという反対称的関係および固定的関係にある。
④ 具体例は、年表である。

このように、B系列は、A系列とは異なり、「以前」と「以後」というシンプルな時間構造から成り立ち、この時間構造には時間の移り変わりや変化はない。「以前」と「以後」、正確には、「より以前」と「より以後」は、たとえば年表のように、外部（の視点）から時間を客観的に捉える、すなわちある事象が物理的にAからBへと運動する、または移動するだけである。したがって、平安時代と

いう「以前」と，江戸時代という「以後」は外部から任意に設定できても，ここには「心＝主観＝自己」が入り込む余地はないため，「以前」-「以後」は意味を持たない（ここで「任意に設定する」というのは，誰の視点でもない。文字通りの「任意」でしかない）。B系列にあるのは，より前のできごと（E）と，より後のできごと（F）の2つがあって，E→Fへと推移するだけである。また，F→Eへと推移することがないことから，B系列は非対称的な関係となる。

確かに，B系列は時間系列であり，時間構造を示しているが，実際は，時間が空間化したものだと考えられる。B系列の代表は，たとえば平安時代が江戸時代へと推移していく年表だと述べたが，空間的な例でいうと，地図に相当する。正確には，地図上である任意の場所と，ある任意の別の場所を機械的に結びつける場合，B系列の空間版となり得る。その意味で年表と地図は類似しているといえる。

繰り返すと，B系列は外部（の視点）から時間を客観的に，いわば空間的に捉えたものであり，EからFへという推移的関係を示している。こうしたB系列の特徴から見てこれは時間系列に値しないと考えられがちであるが，実は因果律の制作（特に，自然科学的な因果律の制作）にあたって無意識裡に使用されている時間系列なのだということを強調しておきたい（この点については，Ⅲ章の科学的世界における因果律の制作で再び言及する）。

4．因果律の原則

ところで，前述してきたヒュームの因果論をベースに，因果律の捉え方を根本的に変えた上で因果律の原則をまとめると，次のよう

になる。

(1) 因果律は客観的に実在するのではなく，主観的に実在する。
(2) 主観的に実在する因果律においては，（過去に）類似した経験を未来で繰り返す「恒常的連結」を初発にしつつ，AとBが空間的に近接していること，すなわち「接近」，AがBに対し時間的に先行していること，すなわち「継起」，そしてAとBのあいだを結びつける何かが——最も重要な条件となる——，すなわち「必然的結合」といった4つが成立条件となる。
(3) 因果律は私たちの「心＝主観」が制作する，あるいは，心が事象へ因果律を投影する。そして，私たちの「心＝主観＝自己」は，マクタガートの分類したA系列という時間系列，すなわち「過去－現在－未来」の中の「現在」へとわが身を滑り込ませつつ——あるいは，「現在」に投影しつつ——，因果律を制作する。これに対し，B系列という時間系列は，外部からの客観的な時間構造であるがゆえに，私たちの「心＝主観＝自己」を滑り込ませる余地はない。
(4) ヒュームおよび一般常識に反して，因果律，すなわち「原因」と「結果」という2つの要素，もしくは「原因」から「結果」へと至る複数の因果連鎖が必要となるのは，ある1つのできごと（単一的全体性）が不全もしくは不確定な状況なのであって，「原因」と「結果」の関係が（本当に）必然的であるならば，因果律それ自体は実在しないことになる。このとき実在するのは，1つのできごと（行為）だけである。
(5) 因果律が必然性をもち得ないというのは，語義矛盾にすぎない。むしろ，ある1つのできごとや行為が必然性を持たないからこそ，因果律（原因－結果という分離された2つの記述）が制作さ

れるのである。したがって，因果律がどのような場面または状況において登場してくるのかを明確に認識する必要がある。

(6) 以上のことから，因果律には「接近」，「継起」，「恒常的連結」，「必然的結合」といった4つの条件（空間・時間・恒常的連結・結合作用）が不可欠であるとともに，私たちの主観（心）はこれらの条件を満たす，原因－結果から成る因果律を（ときには，因果連鎖も）その都度制作することにより，不全な事象（できごと）を改善しようとしているのである。

II

日常的世界における因果律の制作

Ⅰ章の終わりに，因果律の原則を要約したが，次に，それに基づいて因果律を制作していくことにする。因果律の制作といえば，科学的世界，特に物理学を筆頭とする自然科学の専売特許だと見なされているが，実は——ヒュームの因果律論に立つと——，私たちごく普通の人たちが日常的世界において因果律を制作することの方がはるかに多いことになる。むしろ日常的世界における因果律の制作は日常茶飯事なのである。

ではまず，日常的世界における因果律の制作から述べていくことにする。なお，これからさまざまなタイプの因果律制作を述べるにあたって，あらかじめその種類を表1にまとめておくことにする。

表1　因果律制作のタイプと種類

A．日常的世界の因果律
・経験則に基づく因果律
・呪術的，願いや願望を込めた因果律
・〈心に悩みを持つ人たち〉：ネガティブな因果律
・〈日常を穿つ厄災（非日常）〉：因果律の彼岸
B．科学的世界の因果律
・自然科学や社会科学の因果律
・〈心に悩みを持つ人たち〉：フロイトの心的決定論
C．「脳」を用いた因果律：因果律制作の彼岸

1．経験則に準じた因果律の制作

　ところで，日常的世界における因果律の制作の種類として最も多いのは，経験則に準じたものである。ここで経験則というのは，「もし，Aという状況になれば自分もBを体験するだろう」というような素朴な捉え方である。私たちが他者を理解するとき，暗黙裡にこうした経験則を用いている。なお，経験則は，自然現象，社会事象，人間行動，知能・知識観，発達観など広範囲にわたり，人間行動に関する素朴理論は特に「素朴心理学（folk psychology）」と呼ばれる。P.M.チャーチランドによると，素朴心理学とは，「人間の行動を説明したり，予測したりするために使われる概念，一般化，経験則の大雑把な集合」［Churchland, 1986：299］を意味する。

　しかも，このタイプの因果律は，後述するように，他の因果律の場合と同様，「AだからBをする」，「AだからBを起こす」，「AだからBになる」といった基本形式で記述することができる。

　経験則に準じた因果律制作の典型的な事例としては，前述した「自転車に乗る」，「電気のスイッチを入れる」などを挙げることができる（心の問題に関する事象は後述する）。ただ，日常的世界における因果律制作の大半が，私たちの経験則に基づくものであることは指摘しておきたい。

2．呪術的因果律の制作

　次に挙げる日常的世界における因果律は，呪術的なもの，あるいは願いや願望を込めたものである。あらかじめ述べると，私たちにとって因果律が楽しくて有意義なものだと感じられるのは，呪術的あるいは（必ずしも実現されないかもしれないことに対し）願いや

願望を込めた（託した）因果律を制作する場合である。

　たとえば，野球にしろ，サッカーにしろ，毎回，試合がどのようになるかまったくわからない不確定な状況の中で，私たちは贔屓チームや選手をテレビで応援していると，贔屓チームが勝ったり，贔屓の選手が活躍したりすることをしばしば体験する。特に，テレビの前で一生懸命応援していると，贔屓の選手がチャンスでヒットを打つことも多かったと思われる。

　つまり，私たちはスポーツの試合のように，先がどうなるのかまったく予想できない不確定な状況の中で，とにかく，贔屓の選手やチームを応援したり，手を合わせて祈ったりする，すると，その願いや願望が叶って，贔屓の選手が適時打を打ったり，チームが逆転勝ちをしたりする。何の根拠もないにもかかわらず，「贔屓選手を応援すると，その選手が適時打を打つ」，「贔屓チームを応援すると，そのチームが勝つ」というのは，過去に「応援した」ことが「原因」となって，現在に「活躍する」という「結果」をもたらしたということで，「原因」-「結果」という因果律が制作されることになる。この次も，さらにこの次も，私たちはこうした因果律における3つ目の特徴，類似した経験を繰り返す「恒常的連結」に基づいて贔屓の選手やチームを応援することになろう。たとえ，その願いが報われず，儚い夢と帰したとしても，である。なお，「原因」-「結果」において「結果」が良い場合，その「結果」は強化されることによって次の行動に対する「原因」となり，好循環を起こすことがある。これは，「結果」が「原因」となって行動を強化・反復されるということから，フィードバックであると考えられる。

　繰り返すと，このように，呪術的な行為かつ願いや願望を込めた因果律を制作することは，それを制作した「心＝主観＝自己」にとって薄々，何の根拠もない行為だと気づきながらも，自由を楽しむ行

為となっている。呪術的とか願いや願望を込めた行為とは，本来，私たちが自分自身では何もできないときに自分の方が変わるといった，受動の受動（否定の否定）としての能動（肯定）の行為なのである。だからこそ，この類いの因果律は，制作者にとって楽しくかつ自由なものとなり得る。

　もう1つ類似した例を示しておきたい。たとえば，入学試験のように，すでに「結果」が出ている事象について，私たちはどうすることもできないにもかかわらず，神社に参拝してから合格発表を見に行くことがある。一見，こうした行為は無意味であると思われる。ところが，こうした行為をする友人がいた場合，その友人に対し意味がないことを諭すであろうか。たとえ，無意味な行為であっても，当人（友人）にとっては，試験に合格する（している）かどうかがまったくわからない不確定な状況の中で，神社に参拝してから合格発表を見に行く（あるいは最近では，ネットの合格発表を閲覧する）ことは無意味なことなのではないのだ。この場合，「神社に参拝すること」が「原因」となって「合格する」という「結果」を生み出しているわけである。ただ，こうした因果律を制作することも，私たち人間にとって不確定な状況の中で唯一許される自由な営みなのである。もし，日常生活においてこうした営みがないとすれば，私たちの日常はどれほど貧しくなることか，想像することさえ困難である。

　このように，日常的世界においては，経験則に準じたものや呪術的で願いを込めたものなど因果律は，「……だから〜である」方式の因果律方程式という形式をベースに，さまざまな形で制作されるとともに，それを制作する人にとって自由かつ楽しい営みとなる。

　以上述べた呪術的な因果律に通底するものとして，私たち日本人にとっては日頃馴染みのある，あるいは日常生活の中に溶け込んで

いて意識することさえ困難な，仏教の因果律（因果の法則），宿命・運命論について簡潔にふれておきたい。仏教からすると，この世には，因縁生起（縁起）という仏教独特の因果律があって，それは，「原因」があれば必ず「結果」というものがある，しかも，1つの「結果」は，1つの「原因」から起きたものではなく，目に見えない小さな「原因」を含む多種多様な無数の要因（＝間接的原因［条件］＝「縁」）が，網の目のように絡み合って生じたものである。つまり仏教では，万物は，「因」（「原因」）と「縁」（「縁起」）が結びついて生じたもの，因縁生起（縁起）である，と。このように，すべてのモノやコトは，「原因」および間接的「原因」（縁）と「結果」が結びついて起こるものであるから，「結果」をなくすためには，「原因」もしくは間接的な「原因」の何かを取り除けば良いことになる。また，仏教的な宿命論（決定論）では，「原因」さえあれば，無条件に「結果」が生じる（この場合，縁は関与しない）とするものや，運命論では，自分が過去に行った業を「原因」とし，それにさまざまな縁が重なり合って運命となるから，運命を受け入れるとするものがある。

こうした仏教的な因果論もまた，呪術的な因果律と同様，それ自体非合理的なものでありながら，先行きのわからない不確定な状況を縮減する上でその人なりに役立つものであると考えられる。

3．〈心に悩みのある人〉におけるネガティブな因果律の制作――アドラー心理学による原因論批判

ところで，日常的世界における因果律の制作は，制作する人にとって自由でかつ楽しいものばかりとは限らない。これから述べるケースは，それとは真逆のものである（実は，本章-2で述べたこ

とは，これから述べることを印象づけるための伏線なのであった）。

　今日のようなストレスフルな社会においては，対人関係で悩んだり，生き方に迷ったり，学校や会社での成績が芳しくなかったりすることが少なからずある。いま，このようにさまざまな悩み・迷い・不安・恐怖・苦しみ・憤り等々を抱えている人たちのことを総称して〈心に悩みのある人〉と呼ぶことにする。ただ急いで付け足すと，〈心に悩みのある人〉は，あくまである人が悩みや不安などを抱えているという「状態」を意味する言葉なのであって，社会の中に「心に悩みのある人／心に悩みのない人」という２タイプの人間がいるということではない。つまりそれは，私たちの誰もが〈心に悩みのある人〉となり得る可能性を意味している。

　一般に，私たちが〈心に悩みのある人〉になったとき，その当の人は大抵の場合，現在，対人関係がうまくいかなかったり，学業や業績が良くなかったりするのは，過去に問題があると考えてしまう。つまり現在，私がうまくいかないのは，過去のできごとのせいである，と。〈心に悩みのある人〉の大半は，たとえば両親の仲が悪かったからとか，小学校のときいじめられたからとか，悪い友だちと付き合っていたからとか，テレビゲームをやり過ぎたからとか等々，現在の自分がうまくいかない「原因」を，自分の過去の不幸な生い立ちや体験や記憶などを素材に制作することが少なくない。〈心に悩みのある人〉は，いわゆるネガティブ因果律を制作してしまうわけである。

　こうしたネガティブ因果律について，アドラー心理学は多くの瞠目すべき知見を提示している（ただ，アドラー心理学についてはすでに２つの拙著［中井，2014／2015ａ］で論述したことから，ここでは最小限にとどめたい）。アドラー心理学が指摘したことで最も重要な知見の１つは，過去の不幸な経験が現在の自分を苦しめてい

るのではなく，その経験に対する現在の解釈（意味づけ）が自分を苦しめている，ということである。〈心に悩みのある人〉は過去のできごと，正確には現在の自分が想起し，クローズアップする過去のできごとに固執するわけであるが，過ぎ去ってしまった過去そのものに固執する限り，新たな道を切り開くことはできない。というのも，〈心に悩みのある人〉が呪縛されているのは，過去そのものというよりも，現在の自分が捉え，解釈した「過去」だからである。

　正確にいうと，〈心に悩みのある人〉の中には過去のことよりも，将来に不安のあるケースもある。この場合，ヒュームの因果律論でいうと，3つ目の「恒常的連結」にしたがって過去のネガティブ因果律のゆえに未来が不安であると捉えることができる。何をいいたいのかというと，〈悩みのある人〉にとって未来への不安は，良くない過去が投影されたものだということである。未来（将来）への不安は私たちすべてに当てはまるにもかかわらず，過去にネガティブな因果律を制作する人は，私たち以上に未来がもっと不安なものとなるのではあるまいか。

　過去にネガティブな因果律を制作するにせよ，それを未来に投影するにせよ，〈心に悩みのある人〉がこうした認識および解釈を変更しない限り，現在の行動（現状），ひいては自分を変えることはできない。そこでアドラー心理学が提唱したのは，〈心に悩みのある人〉に対し，ネガティブな，「過去（原因）−結果（現在）」の因果律を制作することを放棄することである。そして，〈心に悩みのある人〉が自分はなぜ，またはどうしてこうなのだろうというように，後ろ向きに過去のできごとに固執するのを即刻やめて，何がしたいのか，どのような自分になりたいのかというように，未来に向けて目的を持つことを提起したのである。これはアドラー心理学における原因論（病因論）から目的論への転回に相当する。

こうしたアドラー心理学が目的論を提起した背景には、過去が「原因」となって現在という「結果」を規定すると捉えたフロイトの精神分析、すなわち心的決定論（過去決定論）がある。正確には、後述するように、アドラーはフロイトの心的決定論に対峙する中で劣等感研究をベースに自ら原因論批判および目的論を構築したのである。ただ誤解のないように補足すると、アドラーはトラウマを否定したとはいえ、5歳までの乳幼児期の体験を重視し、治療において必要な範囲で過去の要因を考慮し、検討していた。というのも、人間は5歳までの乳幼児期に将来にかかわる大きな影響を被ると考えたからである。にもかかわらず、アドラーはフロイトのように、すべての人間がおしなべて過去の体験（特に、性的体験）に規定されるとまでは考えなかったのである。これは大きな違いである。

4．日常的世界を穿つ厄災
——因果律制作が不可能であるとき

　日常的世界を穿つ厄災の代表は何かというと、それはトラウマ（trauma）および強度のトラウマである「急性ストレス障害（ASD；acute stress disorder）」であり、トラウマが慢性化・悪化した「心的外傷後ストレス障害（PTSD；post traumatic stress disorder）」である。ところでトラウマとは何か。ごく日常的にいうと、それは、私たちが何らかの生活上のある体験をきっかけに心に受けるダメージ、いわゆる心の傷のことを指す。つまり、私たちは何らかの衝撃的なできごとを被ることにより、その影響が私たちにとって抗し難い恐ろしい体験もしくは不快に満ちた体験となり、その体験が肉体的ダメージだけでなく、精神的なダメージとなることをトラウマ体験もしくはトラウマと呼ぶのである。しかも、こうして受けた心の

傷であるトラウマは，私たちの心奥に長いあいだ，記憶として残存してしまう。その意味で，トラウマとは外傷記憶なのである。平たくいうと，土石流で山林や民家が削り取られるのと同じように，トラウマは，私たちの心に甚大な傷跡（痕跡）を残すのである。

ところで，トラウマには，日常的なトラウマと非日常的なトラウマがある。

まず，非日常的なトラウマとは，死に直面するような恐怖や最大の不快感のことであり，こうした過酷なトラウマ体験を契機にASDやPTSDを発症することになる。具体的には，戦争，地震，火災，津波，事故，強盗，レイプ，虐待やネグレクト，ストーカー被害，DVなどを原因とするものである。これらはいずれも，人間の生存や生死にかかわるのっぴきならない体験である。これらの被害者は，災害や犯罪の犠牲となることを通して心的外傷といわれる過度の情動体験（激しいショックやストレス）を被り，激しい恐怖感や不安感や無力感に苛まれることになる。元々，PTSDを発症させる原因となる，非日常的なトラウマは，アメリカのベトナム戦争において復員してきた元兵士たちが経験してきた重篤な心的外傷のことである。復員した人たちは，この重篤なトラウマが原因で社会適応することができず，さまざまな精神的，身体的症状に苦しむことになったのである。

これに対し，日常的なトラウマとは，他者や集団から叱責されたり，否定されたり，無視（シカト）されたりすることにより，自らの自尊心が傷ついたり失われたりすることが原因となって生じるものである。日常的なトラウマには，一連のハラスメント，差別・憎悪表現（最近では，ヘイトスピーチやリベンジポルノ），いじめ（ネットいじめも含む）などが挙げられる。

ただ，こうしたトラウマの区分はあくまで仮のものであって，何

が日常的なトラウマで，何が非日常的なトラウマかについては，トラウマを被る当事者にとって相対的なものとならざるを得ない。トラウマ体験はきわめて主観的なものであり，その基準が千差万別であることから，何をもってトラウマかという判断は甚だ困難なのだ。

以上のことを前提とした上で，PTSDの定義ならびに特徴について言及していきたい（ASDよりも深刻化するPTSDのみを取りあげたい）。まず，「外傷後ストレス障害（PTSD）」とは，生体（人間）が主として自らの生死にかかわるような実際の危険や危機に遭遇したり，他者の生死にかかわる現場に巻き込まれたりするなどの強烈かつ衝撃的な体験および強度の身体的，精神的ストレスが，心の外傷（トラウマ）となって，時間が経過してからも，何らかの機会にその体験を幾度も繰り返し想起することで，激しい恐怖や不安を呼び起こし，生活上のっぴきならない支障をきたしてしまう心身の病気のことである。心の外傷（トラウマ）の原因となるものは，前述したように，戦争や地震から事故や暴力，差別やいじめに至るまでさまざまである。

次に，PTSDの特徴について述べると，①類似した状況に置かれるなど何らかの機会に，トラウマが再び起こっているように，行動したり感じたりするといった「再体験」，すなわち「フラッシュバック」（夢の中でも起こる），②精神的な「麻痺」や，トラウマを想起させるような類似したものを避けるといった「回避」，③覚醒しすぎた状態になるといった「過覚醒（hyperarousal）」，その結果，常時，緊張し，不眠やイライラ感が強くなる，といった3つである。

重要なことは，PTSDを発症する原因となる心の外傷（トラウマ）は個々人によってさまざまでありながらも――個々人にとってトラウマ体験が相対的だという意味で――，前述した，PTSDの3つの症状，すなわち①再体験またはフラッシュバック（自然再燃），②

麻痺と回避，③過覚醒，については共通するということである。だからこそ，これら3つの症状が，PTSDと診断するための基本的症状であり，これらの症状が，激しい恐怖や不安，無力感または戦慄を覚えるできごとの後，1ヵ月以上持続している場合にはPTSDと判断することができるのである。

　以上述べたことからわかるように，何らかの災害が契機となることで起こるトラウマやASD・PTSDは，私たちにとって結果があまりにも凄すぎることから「心」が因果律を制作することは不可能となる。要は，私たちに対し〈外〉から襲いかかってくる得体の知れない不意打ちに対し，私たちは対処していく術を持たないのだ。いわゆる思考停止状態である。

　とりわけトラウマやASD・PTSDが私たちにとって厄介なのは，下河辺美知子が指摘するように，「光の過剰によって見たくないものを見せられ，見えすぎることに苦しむ記憶が個人の心のトラウマ」［下河辺美知子，2015：161］となる点である。事実，トラウマ記憶やASD・PTSDの症状がDSM-Ⅳ（1994年）の診断基準に示されるように，「心像（心の描かれるイメージ）」，「夢（苦痛な夢）」，「幻覚」などの刺激（サリエンシー）といった「視覚的情報」として患者の心を襲いかかるわけだ。「トラウマの反応が視覚という器官を通してやってくる」ということは，「見えすぎる苦しみ」や「見たくないものを無理やり見せられる苦痛」をもたらすことを意味する。最も際立つのは，視覚的情報であり，光の過剰なのだ。しかも，こうした「見たくないもの」が視覚という器官を通して，過去から，そして自分の外部から，反復的に侵入してきて，生体の心に異変をきたすのである。「あまりに明らかによみがえる画像。光あふれる中に出現する画像を見るとき，見ている個の人間の視神経はかえって麻痺させられる。見えすぎる情景，しかも，見ることを強要され

て見る情景に目がくらんでわれわれは盲目になっている。」［同前：162］

　このように，トラウマ・ASD・PTSDが私たちに対し「見えすぎる苦しみ」や「見たくないものを無理やり見せられる苦痛」を強いることから，私たちはこれに対し太刀打ちできない。前に因果律は不確定な状況や不全な状況を縮減するときに制作されると述べたが，トラウマやASD・PTSDではあまりにも不確定でありすぎ，不全でありすぎることから，いわゆるどうしようもない状況に置かれることから，この異常な不確定なかつ不全な状況を縮減することができないのである。端的にいうと，トラウマやASD・PTSDの場合，日常の因果律の制作やできごとへの「心」の投影はまったく不可能なのだ。私たちは因果律を制作することによって自らの状況を打開し得ないがゆえに，非力さや無力さに加えて不自由を痛感し，自らの苦境を嘆くわけである。特に，大震災や大津波のように，とてつもなく巨大な自然に牙をむかれるとき，私たちは因果律を制作するどころか，すべての術を失い，茫然自失となる。

III

科学的世界における因果律の制作

1. 自然科学における因果律の制作とその問題点

次に，科学的世界における因果律の制作について述べるが，これは，日常的世界における因果律と比べると，その制作方法がまったく異なる。勿論，因果律である限り，「AだからBをする」，「AだからBを起こす」，「AだからBになる」といった因果律方程式，すなわち結果的に見た形式は同じであるが，科学的世界における因果律の制作方法は次のようになる。まず，物理学を中心とする自然科学の世界における因果律制作過程を見ていきたい。

自然科学の世界において因果律といえば，ニュートンの万有引力の法則や慣性の法則などまったく疑う余地のない確固としたものである。そうであるがゆえに，私たちは何の躊躇もなしに宇宙や自然では科学的な因果律にしたがって物体が動いていると思念してしまう。つまり私たちは，観察者（人間）のいない世界での物体運動を絶対的な真理だと確信するのだ。

しかしながら，ヒュームの因果律論に立ち戻った私たちにとって観察者のいない世界における因果律および法則は実在し得ないはずである。ヒューム自身はニュートンを尊敬し，ニュートンの物理学を模範にして自らの哲学や社会学を構築したこともあって，ごく一部の自然科学の因果律を信憑していたことを除いて，客観的な因果律については懐疑的であった。ヒュームが懐疑主義だといわれる所

以である。

　私たちがヒュームへと遡及して因果律論を構築していくとき、検討すべきなのは、科学的な因果律の時間系列（時間構造）である。ヒュームのいう因果律が成り立つには、空間的に近接していること、時間的に先行していること、類似した経験を繰り返す恒常的連結、そして心による必然的結合という４つが必須であったが、科学的な因果律の場合、少なくとも、空間的な接近と時間的な継起と類似した経験を繰り返す恒常的連結といった３つの条件は満たしていると考えられる。むしろこれら３つの条件に限っていうと、科学的な因果律は日常的世界における因果律よりも、はるかに厳密であると考えられる。

　たとえば、「ある物体がA地点からB地点へと移動（運動）する」という場合を考えてみたい。最初に断っておくと、こうした記述を行うとき、必然的に観察者が前提とされる、裏を返せば、観察者がいない状況ではこうした記述そのものが成り立たないのだ。観察者がいない状況とは、ある物体が動く方向や速度が不確定なまま、もっというと、無秩序のまま、移動（運動）しているということだ。実際、人間という観察者が不在のとき、物体がどのように移動（運動）するのかは、移動しないことも含めてまったくわからないのである（このあたりのことは、近年、思弁的実在論を唱えるQ.メイヤスーらが「祖先以前性」の問題として取り上げている［Meillassoux, 2011＝2016］）。

　ここではもっと単純な意味で、「ある物体がA地点からB地点へと移動（運動）する」という事象について、科学的因果律を前提とすることは問題であると考えられる。というのも、科学的な因果律を前提とすることは、ヒュームのいう「心」による必然的結合という因果律の成立条件を度外視することになるからである。

したがって,「ある物体がA地点からB地点へと移動（運動）する」という事象の場合，このままでは,「A地点にある物体の状態」は「B地点にある物体の状態」という「結果」の「原因」とはなり得ないことになる。この両者のあいだには何ら関係はない。ある物体が最初，A地点にいて，その後，たまたまB地点にいただけかもしれない。あるいは，このある物体はまったく不規則な，否，混沌とした動きをしていて，たまたま，A地点とB地点を通過しただけかもしれない。ここではA地点とかB地点とかいっているが，想定し得ないほど不規則な動きをしていて，A地点からZ地点を移動する過程で，A地点とB地点を通っただけかもしれない等々。

ところが，ある観察者がいて「ある物体がA地点からB地点へと移動（運動）する」と記述した場合はどうであろうか。この記述自体は観察者の存在を前提としていないと述べたが，次に観察者がいる場合を意識して考えることにしたい。すると，この記述の意味合いが変わってくる。つまり，観察者がいる場合，この記述は，何らかの法則，たとえば慣性の法則にしたがって,「ある物体がA地点からB地点へと移動した」ということになる。ここで観察者が「あり」と「なし」では何が決定的に異なるかというと，観察者が「ある（いる）」場合，ある物体の移動を，この当の物体が何らかの法則（慣性の法則）に「したがった」ことによる変化だと表明していることである。つまり，この場合の何らかの法則に「したがった」という記述の中には，暗黙裡に「心＝主観＝自己」が滑り込んでいるのである。

繰り返すと，因果律の制作にあたっては，日常的世界の因果律，科学的世界の因果律の如何にかかわらず，空間的近接（接近）と時間的先行（継起）と類似した経験の繰り返し（恒常的連結）に加えて，3つの要素間に必然的結合が不可欠であったが，それは「心＝

主観＝自己」によってのみなされる。それゆえ，観察者がいて「ある物体がA地点からB地点へと移動（運動）する」という事象を観察し，このある物体が規則に「したがっている」ことを見届けることによって，「心＝主観＝自己」がこの記述の中の「A」と「B」を結びつけるとき，この事象に対し私たちは初めて因果律を制作することになるのだ。ヒュームの主観的な因果律論の真骨頂は，すべての因果律は，「心」によるかかわり，すなわち「心の決定」によって制作されることにある。

　ヒュームに倣うと，自然科学の世界であっても観察者自身の「心＝主観＝自己」によって因果律を制作し，その因果律を事象に投影しながら物体を捉えていることになる。穿った見方をすれば，私たち人間にとって本来，まったく無秩序なはずの物理的世界を抽象的な法則やその前段階の科学的な因果律によって整序化し，制御しようとしたいという意志や欲望が垣間見えるわけである。とはいえ，どれだけヒュームの因果律論を持ち出そうとも，私たちの「心＝主観＝自己」とは一切関係なく，科学的な因果律が私たち人間の外部に実在するという素朴な捉え方は根深く存在している。

　このように，一見，私たち人間の外部に実在すると思念された科学的な因果律は，「心＝主観＝自己」による必然的結合という条件を満たすとき初めて実在すると考えられることが判明した。ところが逆の見方をすると，科学的な因果律は観察者なしで，いわば人間不在の状況であるがままに成り立つと信憑されることになったわけである。そのことは，前述したマクタガートの時間系列によって説明することができる。

　結論から述べると，観察者なしであるがままに実在すると思念される場合の科学的な因果律は，マクタガートの時間系列のB系列に対応している。B系列という時間系列とは，図1（27ページ参照）

に示されるように,「それ以前」-「それ以後」といった,年表で例示される,無時間的な時間構造から成り立っていた。B系列は,外部の視点から見た客観的時間の系列となるが,この時間系列こそ,観察者のいない無時間的な時間構造にほかならない。わかりやすくいうと,空間化された時間および時間構造なのだ,それゆえ,ここには私たちの「心＝主観＝自己」が滑り込む余地はない。あるとすれば,神に準じた外部の視点のみだ。それに対し,因果律制作の条件を満たすためには,A系列の時間構造が不可欠であった。A系列は,「過去‐現在‐未来」という時間構造から成り立ち,私たちの「心＝主観＝自己」は,この中の「現在」に滑り込むのである。

　いま述べたことを整理すると,ヒュームの経験論にしたがう限り,因果律の制作には,「心＝主観＝自己」が「現在」に滑り込みつつ,そこに身を置いて,空間的接近と時間的継起と（過去に）類似した経験の繰り返しによる「恒常的連結」を満たすことが不可欠であった。その場合自ずと,私たちの「心＝主観＝自己」はA系列の時間構造を前提としていることになる。ところが,自然科学の世界,特に物理学の世界において科学的な因果律はあるがままに実在すると考えられている。この場合,科学的な因果律は観察者がいない状況で,すなわちB系列の時間構造よろしく,「心＝主観＝自己」が滑り込む時間様態（現在）がない状況で,恣意的に制作されることになる。したがって,私たちはヒュームに倣って因果律を制作するために,科学的な因果律をごく普通の,日常的世界の因果律へと立ち戻って制作し直すことが必要になる。

　裏を返せば,自然科学の世界においては,物体の運動をはじめ,あらかじめ客観的な規則や因果律を想定し,信憑してしまうがゆえに,B系列の時間構造を前提に,日常的世界の因果律制作の成立条件や心の事象への因果律の投影を無視して,独自の完結した真理や

秩序の正しさを作り上げてしまうわけだ。ところが，どれだけ割り引いてみても，実際は，Ａ系列という時間構造の中で因果律を制作しているということしかできない。Ａ系列とＢ系列を取り違える理由として考えられることは，Ａ系列の時間構造および現在に滑り込む「心」による因果律制作というプロセスをすべて省いて，結果だけを自然科学の規則や因果律と見なしていることにある。もしそうであるとすれば，それは，自然科学を円滑に進展させていく上での効率性の問題に収斂する。ヒュームの経験論に基づく因果律論は，科学的世界におけるこうした因果律制作のプロセスに関する効率化および省略化に気づかせてくれるのである。

　しかしながら，科学的世界における因果律制作のプロセスが甚大な影響をもたらす場合が少なからずある。たとえばそれは，脳の画像検査による認知症診断である。前述したように，科学的世界における因果律制作のプロセスを省いた場合，すなわち脳の画像検査でいえば「脳の萎縮」が見られるから「認知症」であると診断されることになる。たとえば，「海馬（脳）の萎縮」が見られるから「アルツハイマー型認知症」だと診断され，「前頭葉（脳）の萎縮」が見られるから「前頭側頭型認知症」だと診断される。つまり，当のクライエントの「認知症」という「結果」は，検査された画像である「脳の萎縮」が「原因」であると見なされるのだ。この場合，画像の「脳の萎縮」は認知症の決定的証拠となるわけだが，脳の萎縮だけを考えると，アルコールを大量に摂取していることやうつ病や老化が「原因」であるかもしれないのである。

　医師からすると，画像検査によって捉えた「脳の萎縮」が認知症の「原因」であるというように，「原因」-「結果」という因果律によって画像検査と診断を結びつけたいのである。これは因果律を制作したいという医師の意志であり欲望にすぎない。「脳の萎縮」と

認知症とのあいだには、前述したように、何らかの関連があっても何ら関係がないかもしれないのだ。したがって、こうした画像検査によって病気を性急に診断することは、危険であり、これは科学的世界における因果律制作の負の遺産であると考えられる。また最近、認知症の中でも特にアルツハイマー型認知症は、脳の中に沈着したアミロイドベータや脳神経に絡みついたタウが主な「原因」物質だとされているが、このことも事態は反対で、認知症になった結果としてこれらの物質が見出されるだけかもしれないのである。

　こうした問題は、心理アセスメントで用いられる各種の心理テストについても当てはまる。一例を挙げると、テスターが曖昧な刺激であるインクのしみをクライエントに見せて、クライエント自身に何に見えるか、そして見えたものをどのように解釈するかということから性格判断を行う心理テストとしてロールシャッハ・テスト（以下、「ロ・テスト」と略記）がある。ロ・テストの場合、たとえば「人が向き合って太鼓を叩いているように見える図版」を見てクライエントが「反応領域」の中で「全体反応＜部分反応」であり、「異常部分反応」と「空白反応」の比率が高く、「反応の決定因子」の中で「FC：CF＋C」が「FC＜CF＋C」であるとき——それ以外にも「反応内容」があるが、それはさておき——、このクライエントは性格異常や他者との情緒的ふれあいに欠けたり統制力が強かったりする、と解釈されることになる（詳細については省略する）。要は、ロ・テストは脳の画像検査による認知症・うつ病診断よろしく、「クライエントによる図版の読み取り」から「性格の異常性」がわかるということなのだ。この場合、「ロ・テストに対する一連の反応」と「クライエントの性格」が「原因」-「結果」という因果律によって説明づけがなされている。つまり意図された刺激群に対するクライエントの反応や（言葉による）解釈がその人の性格の異常性と結び

つけられるわけだ。両者を因果律で必然的な形で結びつけるのは，テスター（セラピスト）の「心＝意志」であることはいうまでもない。ロ・テストをはじめすべての心理テストは，こうしたテスターの意志（心）が生み出した欲望にすぎないのだ。多くのロ・テスト従事者は，「FC：CF＋C」の背後に形重視の近代的なイデオロギーがあることに無頓着である。その端的な表れが「FC≧CF＋C」である。これを"翻訳すると"「良い適応」とは「形態の把握の度合いが色彩の把握の度合いを上まわっている状態」となる（ただし一方では，色彩反応がまったくない場合は情緒性・人間性の欠如と見なされる）。

　ヒュームの因果律論からすると，当のクライエントが画像検査（「脳の萎縮」）から認知症だと医師から診断されることが意味する事態とは，画像検査——認知症といった「原因」－「結果」を結びつけたもの——はあくまで，医師の「心＝主観＝自己」の成せる業なのであって，科学的な因果律が無条件に成立しているわけではないということである（この点は，幾度も実験・観察に基づく検証が成なされてきた物理学の世界とは事情が異なる）。しいていえば，因果律を制作したのは，医師の「心＝意志」，すなわち「海馬に萎縮が見られることからアルツハイマー型認知症と診断したい」ということに尽きる（その意味では，筆者が最近購入した光トポグラフィー［研究用］も同様であり，この機器によって従来混同されてきた，うつ病と双極性障害が区別できるというのも同じケースである）。

　一歩譲って，画像検査から認知症診断ができるとしても，医療機器を通しての，医師の診断それ自体は，当のクライエントにとっては何ら関係のない説明にすぎない。甚大な影響を及ぼすのは，ヒュームのいう意味での，医師の「心＝主観（＝意志）」によって

診断された「結果」として処方される薬の副作用である。薬物療法から逆算するならば，医師が制作する因果律は，クライエントに対し深刻な影響を及ぼす危険性があるといわざるを得ない。

科学的世界の中でも自然科学系分野について述べてきたので，社会科学系分野についてもふれておくことにしたい。社会科学系分野の中には，データの統計解析を中心とする統計科学をシンプルな形で取り上げることにする。

ところで一般に，統計科学は，関数的思考法を採るといわれている。これはE.マッハの思考法であるが，この場合の関数とは「函数」と同義である。つまり，xとyという2つの変数があり，xとyとのあいだに「函」を挿入してxをインプットしたら，yがアウトプットされてくる，という思考法である。それは，x（インプット）→□→y（アウトプット），と示される。この場合の□が「函」である。

ここで，xが「目的変数」または「独立変数」，すなわち自ら独自に値を自由に決められる（他からの制約を受けない）変数であるのに対し，yは「説明変数」または「従属変数」，すなわち目的（独立）変数の値によって決まってしまう（自ら自由に値を決められない）変数のことである。マッハ的に表示すると，$y = F(x)$となる。

この場合，因果律でいうと，目的（独立）変数はインプット＝「原因」で，従属（説明）変数はアウトプット＝「結果」となる。なお，「結果」が「原因」の関数になっている関係は，相関関係ではなく，因果関係（因果律）である。相関関係と因果関係との関係は，酒井邦嘉が指摘するように［酒井邦嘉，2016：31-36］，相関関係のうち「原因」−「結果」が結びついているものが因果関係となり，よって因果関係は相関関係の一部もしくは「相関関係⊃因果関係」となる（ただし，この捉え方はヒュームの主観的な因果律論に基づくもの

ではなく，統計科学という科学的因果律に基づく基本的考え方である）。

　科学的な因果律を信憑する立場からすると，「目的（独立）変数」＝「x」＝「原因」−「説明（従属）変数」＝「y」＝「結果」から成る因果律となる。

　一例を挙げると，「朝食を食べる子どもは学力が高い」である。ただ，この因果律命題を厳密に考えると，「朝食を食べること」と「学力が高い」が独立変数と従属変数との関係になっているかというと，かなり疑わしい。というのも，「朝ご飯を食べる子ども」と「その子どもの学力が高い」には共通の事柄，すなわち交絡因子が想定されるからだ。「朝食を食べる子ども」は恐らく，夜早めに寝ることをはじめ，規則正しい生活を継続している可能性が高い。つまりこういう子どもは規則的な生活習慣を身につけており，しかもそのバックにはしつけに厳しい親がいるはずである。しつけに厳しい親は子どもの勉強にも関心が高く，家庭での学習のみならず，わが子を塾に通わせることも少なくないであろう。こうして，「朝食を食べる子ども」は親が規則正しい生活にも家庭や学校や塾での勉強にも積極的にかかわることが推測される。したがってこの場合は，生活と勉強の両面に厳しい親が交絡因子となって，「朝食を食べる子ども」（規則正しい生活）と「子どもの学力が高い」（わが子の勉強への積極的なかかわり）という両者を結びつけている可能性が高いと考えられる（学校の教師の場合でいえば，生徒指導に熱心な教師は学習指導にも熱心であることが想定される）。

　ところが，このような統計科学における科学的な因果律もまた，前述した自然科学や画像検査による診断の科学的な因果律と同じく，ヒュームの主観的な因果律論からすると，統計解析を行う者の「心＝主観＝自己」が制作したものにすぎない。つまり，「目的（独

立）変数」＝「x」と「説明（従属）変数」＝「y」を必然的なものとして結合しているのは，私たちの「心」なのである。ヒュームとともに，科学的な因果律を経験に基づく因果律にまで立ち戻る必要がある。そのことは後述するように，行動科学としての行動分析学についてもまったく同じことが当てはまる。

2．精神分析における因果律の制作——心的決定論批判

ところで——序論でも述べたように——，フロイトの精神分析の仮説に，心的決定論（psychic determinism）がある。それは，人間の日常生活における精神活動や行動，すなわち意識に発現した事象（心的現象）には，無意識的に存在する何らかの原因および因果関係があり，それによって人間の言動は規定されている，というものだ。人間の言動（心的現象）は無意識（の法則）にしたがっているというわけだ。

こうした精神分析の心的決定論の立場からすると，たとえばある日，学校に行かなくなった子どもは，幼少期の親子関係の不全を契機とする，母子分離不安または集団不適応（対人関係の脆弱さ）が「原因」だと見なされてしまう。たとえ，こうした精神力動的アプローチのように，リジッドな解釈でなくても，たとえば親は「自分の育児が間違っていた」，「スキンシップが足りなかった」，「先生や友達との相性が悪い」等々といった原因をあれこれ考えてしまう。総じて，親は不登校の「原因」を，自分の育児や生活環境，学校での人間関係に求めがちである。ところが現実には，（後で詳述する）短期療法が指摘するように，不登校の「原因」はさまざまな要因が複雑に絡み合っていて（＝複雑系），その「原因」をひとつずつ解明していくことはほとんど不可能である。たとえ，「原因」が判明し

たところで過去そのものを変えることはできないのである。

　こうした人間理解に立つとき，そしてそれを心理学理論に組み込むとき，自ずと過去決定論になる。つまり，当事者（クライエント）——というよりも，人間——の中に何らかの「原因」があると捉える限り，当事者は得体の知れない何か（X）およびその法則に支配されることになるのだ。フロイトの自我心理学がメタ心理学と呼ばれるのは，この所以である。要するに，心的決定論は意識の対象とはなり得ない無意識のような何か（X）が人間を動かす，いわゆる人間機械論にすぎないのである。

　こうした心的決定論もまた，科学的世界における因果律制作と同様，B系列という時間構造を前提とすることになる。心的決定論の場合，精神分析を自然科学に近づけたいとするフロイトの強い意図や意志が働いていたと考えられる。このような，フロイトの「心＝主観＝意図・意志」こそ，「幼少期の親子関係の不和および子どものトラウマ」という「原因」と，「クライエントの神経症」という「結果」を因果律によって結びつけたのである。しかも，精神分析は自然科学に準じるということで，「幼少期に親子関係がうまくいかず，トラウマを受けた子ども」は例外なく，青年や大人になると，「神経症に罹患する」ことになるのだ。つまり，同一の「原因」からは，同一の「結果」が生じる，というのがいわゆる決定論であり，フロイトの心的決定論の場合は，幼少期に受けた性的体験が「原因」となっていることから過去決定論となるのである。しかも，精神分析の根底には，クライエントがセラピストの精神分析を通して自らの症状の「原因」を認識することにより，「原因」そのものを除去することができさえすれば，病気は寛解するという治療観がある。

　実は，こうした捉え方は，私たちが病気になるのは，身体の中にカビ・細菌・ウイルスといった感染源（抗原）が入ってきたことが

「原因」であり、その「原因」を薬などで除去できれば、その症状は改善され、やがて病気が治癒する、といった医学、特に感染症モデルに由来するものである。

このように、精神分析による「原因」追求および認識とその除去という捉え方は、感染症対策に関与してきた医学モデルを模範としたものである。実はそのことに加えて、見えない背景に——日本人にとって「原因」除去が受容されやすいことの背景に——、「結果」をなくすために、「原因」を取り除く、仏教の因縁生起という世界観があるのかもしれない（もしかすると、こうした捉え方は人類共通の原初的な思考パターンなのもしれない）。

しかしながら別の立場からは——すでに述べたように——、クライエントがセラピストに心理治療を受ける際、「原因」を追求・認識した上でそれを取り除くことは、かえってクライエントの症状を悪化させるともいわれている。もっと深刻なのは、「原因」除去という精神分析の技法が転倒された形で利用される場合である。つまり、「乳幼児期に何らかの外傷体験（トラウマ）が原因でクライエントは神経症になった」という精神分析の因果律、すなわち「現在の結果（神経症のクライエント）−過去の原因（乳幼児期のトラウマ）」が転倒されて、"幼児からより一層、葛藤や矛盾を取り除き、子どもを保護しようとする"ならば、その乳幼児が青年や大人になったとき神経症をはじめ、心の問題が起こらない、といった転倒した精神分析の理論が制作されてしまうことだ。この場合の因果律は、精神分析が用いる、「結果」→「原因」、すなわちクライエントは何らかの症状や病気になったという「結果」は、過去、ひいては乳幼児期へ遡及して、「子どもの歪んだ性的体験（トラウマ）が「原因」である、という論理が転倒して「原因」→「結果」、すなわち子どもが乳幼児期に親から虐待などを受けることなく十全に育つな

らば，その子どもが青年や大人になったとき神経症などの病気にならない」という論理へとすり替えられてしまうことになる。

その結果，（精神分析会の影響力の強い）アメリカの教育界は，「（小さいときから）子どもに対し親や大人が不快な体験，たとえばしつけや教育を行わない」といった自由教育または自由保育を促進した。実際，1960年代のアメリカでは，青少年の問題行動，たとえばドラッグ，援助交際，暴力行為などが激増した（D. オファや W. J. ベネットによると，優に30万人を超えていたという）。

こうした精神分析の基本的な考え方には，乳幼児期に充足されるべき欲求や感情を阻害されたり虐待（性的虐待）やネグレクトを受けたりすると，そのことは，当の子どもにとって心的外傷（トラウマ）となって彼らの無意識の中に冷凍保存され，何らかのきっかけを通じて幾度も病理現象として発現することになる。その現れの典型は，突然声が出なくなったり，目が見えなくなったりするなどの神経症やヒステリー症状である。しかもそれは，一生の間，取り去ることはできないといわれている。

このように見ると，心的決定論をはじめとする精神分析が子どもの育児や教育に与えた影響は甚大であると考えられる。それだけに，精神分析に対する批判は痛烈である。精神分析批判の筆頭は，アドラー心理学であるが，それ以外にも，短期療法（問題解決アプローチ）や家族療法の円環的因果律論がある。家族療法の円環的因果律は，原因－結果を直線的に結びつける直線的因果律を批判したものであり，因果律上の思考法の違いにとどまるのに対し，短期療法は，複雑系科学よろしく，因果律そのものは否定しないが，複雑性もしくは不確定性があまりにも多すぎるため，複雑に絡み合った原因－結果の因果律や因果連鎖を追究することを断念して，むしろクライエントの問題・症状の解決に集中し，クライエントの治癒にとって

有用な外的資源や内的資源を探し出す。解決志向の短期療法の戦略の中でユニークなのは，内的資源である。これは，一見，クライエントにネガティブでしかないことをポジティブなことへと枠づけ変換（リフレーミング）を行うというものである。たとえば，クライエントにとって「ひきこもる」という行動はネガティブなものでしかないにもかかわらず，この「ひきこもり行動」を「何か守るべき大切なものがある」という具合に，ポジティブなものへとリフレーミングするわけである。あるいは，誰かに依存することは一般にネガティブなことであるが，それを誰かに助けてもらうことができる力，すなわち依存力があるというように，ポジティブなものとして捉え直すのである。

「脳」を用いた因果律の制作
――そのアポリア

　すでに述べたように、ヒュームへと立ち返ることにより、私たちの「心＝主観＝自己」は自らを「現在」の中に滑り込ませながら、さまざまな事象の中に因果律を投影し、制作していることが判明したのである。しかも、私たちの「心＝主観＝自己」が因果律を制作する動機は、不全な状況を改善したり、あるいは、不確定な状況を縮減したりすることにあった。ある1つの事象（行為）は、不全な状況の改善や不確定な状況の縮減によってそれは、2つに分離された「A（原因）－B（結果）」という因果律方程式となり、「AだからBを起こす」と表現されるのである。

　繰り返し確認すると、「A－B」のあいだを必然的に結合するものこそ、私たちの「心＝主観＝自己」なのであり、この場合のAやBに何が挿入されても、成り立つのである。ところがいま、「A－B」のあいだを必然的に結合するものを「心」から「脳」へと変更すると、どうであろうか。つまり私たちの「脳」が「原因」と「結果」を必然的に結合するエージェントとなり得るかどうかということである。

　ところで、近年、「脳」が「心」に取って代わったきっかけについては明確に述べることができる。それは科学上の事件に値する。それは何かというと、B.リベットが行った準備電位の実験である［Libet, 2004＝2005］。

リベットは，人間には自由意志はあり得るかという問いを脳波の実験を通して検証した。たとえば私は，机の上に置いてあるペンを取るために手を動かそうとしたとする。私の意識が「手を動かそう」と意図した時刻とほぼ同時刻にその行為が準備され始動されるのであれば，「意識」と「意図」が一致していることになり，私の自由意志が存在することになる。

ところが，リベットは，無意識下の電位を厳密に測定することによって，私の意識が「手を動かそう」と意図した時刻よりも0.35秒も前に，無意識下では「手を動かそう」とする準備が起こっていることを実証した。脳波の測定からすると，無意識の自律分散的処理（"小人たち"）がペンを取ろうとして「手を動かそう」と準備するのをt_0とすると，意識が「手を動かそう」と準備するのは，$t_0 + 0.35$秒，さらに実際に「手を動かす」のが，$t_0 + 0.35$秒$+ 0.24$秒となる。測定した結果を見ると，無意識が準備態勢に入る時間と意識が準備態勢に入る時間とのあいだは，わずか0.35秒しかなく，微々たるものに見えるが，実は電気系統の脳・神経伝達速度の場合（最も速い有髄線維の神経伝達速度で秒速120m／時速432km），この差はとてつもなく大きいのである。

以上のことから，リベットの実験は，「手（身体）を動かそう」という意図（「心」）を私（私たち）が意識する"はるか以前に"，無意識下の「脳」の中で手を動かすための準備が始動されていることがわかる。そのことからすると，私が意図や自由意志といった「心」を意識すること自体，大いなる錯覚であり，私は一連の行為を「主体的に意図して」遂行したかのように，錯覚していることになる。繰り返すと，意識（私）は，無意識下の意図（意志）のエージェントが情報処理した結果を，あたかも主体的な体験であるかのように錯覚しているだけなのだ。また，リベットは，脳の無意識の

Ⅳ 「脳」を用いた因果律の制作

自律分散的処理システムのうち、私の「意識」に上ってくるのは、わずか100万分の1にすぎないという。

かつてフロイトは、初期の局所論の立場から、無意識の働きを強調するために、意識は無意識の氷山の一角にすぎないと捉えたが、最新の脳科学、特に脳を無意識の自律分散的処理（超並列コンピューター）だと捉えるニューラルネットワーク論によると、人間の行動のほとんどは無意識下で自動的に処理され、意識はほんの一部の働きしか果たさないことになる。

以上のリベットの実験の結果から帰結するのは、知・（知識）・情（感情）・意（意志）といった意識（私たちの「心」）の積極的な働きかけの結果ではなく、無意識下の自律分散的処理システムが情報処理した結果を、ただ意識（「心」）が後から視認（追認）するだけであるという知見である。これは、前野隆司によって「受動意識仮説」［前野隆司，2004］と呼ばれた。この仮説はD. イーグルマンの「意識は傍観者である」［Eagleman, 2011＝2016］に通底している。この仮説・考え方にしたがうと、知・情・意とは、意識（「心」）の積極的な働きかけの結果ではなくて、無意識に実在する各々の"小人たち"（エージェント）が情報処理した結果を意識（「心」）が受動的に見ているだけだということである。図2に示されるように、情報の流れを川のメタファでたとえると、意識（「心」）は川の下流に、「脳」は川の上流に、各々いて、上流から下流へと流れてくる（送られてくる）知・情・意といったさまざまな情報の結果を後から追認するということになる。この場合、意識（「心」）の役割は、こうした「脳」による無意識の自律分散的処理の結果をまとめた受動的な体験をあたかも、主体的な体験であるかのように錯覚させることにある。このようなニューラルネットワーク論に基づく「受動意識仮説」においては、意識（「心」）および自己意識（「心」について

図2 受動意識仮説
［前野隆司，2004：103］

の「心」=「メタ心」）の働きは過小評価されることになってしまう。

　ここで取り上げた「受動意識仮説」に典型されるように，「脳」が上流にいて，「意識（心）」が下流にいる，という「脳」と「心」のスタンスは実に象徴的である。知・情・意のさまざまな情報はすべて，上流から下流へと流れてくるのであって，上流に鎮座する「脳」は情報を流すエージェントであり，「意識（心）」は上流から流されてきたその情報を受け取り，確認するだけのエージェントである。ここでは，上流と下流，もっといえば，上座と下座というように，「脳」と「心」の力関係は明確である。つまり，「脳」は「心」を支配しているのである。

　しかしながら，認知科学の立場から，人間の知的活動をコンピューターにたとえると，「脳」はハードウェアであり，「心」はハードウェアをベースにコンピューターに組み込まれたさまざまなソフトウェア（知・情・意から成る情報）を稼働させるためのオペレー

ティング・システム（OS）であることになる。この場合のソフトウェアとは，食べること，動くこと，本を読むこと等々，動詞で表現できるすべての行動プログラムのことに相当する。ここで重要なのは，「脳」がハードウェアであるのに対し，「心」はOSであり，「脳」と「心」とはまったく異なるレベルのものだということである。つまり，私たちの人間の言葉はフラットで表層的なラベルであるという特質において，「脳」と「心」のレベルの根本的な差異，いわゆる"段差"を（言葉だけをもって）理解するには限界があるのだ。いま述べたことは，「脳」と「心」に関して個々人の定義が異なるということではなく，もっと根源的なことである。わかりやすくいうと，「リンゴ」という言葉で，「実物としてのリンゴ（3次元）」と「虚像（写真・絵等々）としてのリンゴ（2次元）」とを取り違えるほどの問題なのである。

　以上のことから，「脳」と「心」については，単なる言葉の違いを超えて，この2つを同一の地平で捉えてしまうことを回避しなければならない。迂闊にも，この2つを言葉という同一の地平で捉えてしまったものが前述した「受動意識仮説」なのである。したがって，「心」を次元の異なる「脳」によって説明することはそもそも間違いなのである。ところが，前述したように，近年の脳科学の進展が背景となって，「心」は「脳」によって説明され尽くされると思念されつつある。「心」は「脳」へと回収されるわけだ。「脳」さえ持ち出せば，「心」および「心」に関連する事象はすべて解明されるのだ，と。その意味で，「脳」は「心」の回収装置なのだ，と。

　ヒュームへと立ち戻って繰り返し述べてきたように，私たちの「心」は「現在」にわが身を滑り込ませつつ，そこから「過去」−「現在」−「未来」という時間系列の中，3つの成立条件を満たすことで因果律を制作してきたわけであるが，私たちの「心」を「脳」へ

と置き換えた途端，因果律を制作するところの「現在」が消失してしまう。マクタガートの時間論でいうと，それは，時間系列Aから時間系列Bへとすり替えてしまうことに対応する。確かに，「脳」はそれ自体物質でありながら絶対性を持つモノ（臓器）である。強調すると，「脳」はモノなのであって無時間的なものにすぎない。強いていうと，「心」はモノとしての「脳」から創発したものであり，システム論の立場からすると，創発したものは新たに生み出された全体であることから，その全体は諸部分の総和には還元することができないのだ。諸部分の相互作用から組織化される全体には，諸部分には見られない新たな性質や法則が宿っている。下の層にある諸要素とそのふるまいを記述するだけでは上の層のふるまいは予測することはできない（したがって，創発するシステムは非線形的なものとなる）。

　私たちの「心」と「脳」の関係は，「心」が「脳」から創発したもの，すなわち「脳」という下の層の諸要素やそのふるまいには還元できない新たな性質や法則が備わったものであるがゆえに，「心」を「脳」へと置き換えることはできないのである。

　ただ，私たちが言葉を使用して物事を考えざるを得ない以上，受動意識仮説のように，「心」を「脳」へと回収できるという錯覚から逃れることはきわめて困難であり，脳心一元論のような，「脳」中心主義が登場することは必至ではなかろうか。その意味でも，本書が目論んできたように，ヒュームの因果律へと立ち戻って，因果律自体，私たちの「心＝主観＝自己」が制作していることを認識することにあらためて意義を見出すことができるのである。

主観的な因果律論をベースとする
因果律方程式とその制作上の禁忌
——医学モデル批判と仮説構成概念の使用禁止！

1．因果律のタイプとそのまとめ

　すでに述べたように，日常的世界であっても，科学的世界であっても，不全もしくは不確定な状況の中で「原因－結果」から成る因果律を制作し，「接近」，「継起」，「恒常的連結」という条件のもと，「A（原因）」と「B（結果）」を「必然的結合」を行うのは，「心（意識／自己／主観／観察者）」である。私たちが不全もしくは不確定な状況に置かれることが因果律を制作する背景および動機となることからすると，ある1つの事象（行為）が「原因」と「結果」に分離された上で，両者が結合されることは，私たちの「心（主観）」にとって当然のことなのである。裏を返せば，最初から両者の結合が必然的であるとすれば，「原因」と「結果」および2つのあいだに因果連鎖が制作される余地はない。このとき，ただ1つのできごと，すなわち単一的全体性があるだけである。因果律はあくまで，私たちの「心＝主観＝自己」が不全もしくは不確定な状況を縮減するためにこそ制作されるのであり，「原因」と「結果」という2つに分離されるのだ。

　因果律のタイプとしては，日常的世界と科学的世界の2つが挙げられるが，日常的世界については〈ごく普通の人たち〉と〈悩みを持つ人たち〉という2つに分けることができる。

　〈ごく普通の人たち〉における因果律として主なものは，「テレ

ビで贔屓の選手を応援すると,その選手が活躍する」というような,呪術的な因果律である。これは,先がどのようになるかわからない不確定な状況を自分本位に縮減することである。

これ以外の因果律としてたとえば,「お腹が減ったからご飯を食べる」がある。これは「刺激－反応」からなる人間の生理行動である。「お腹が減っている」という状態とは,血糖値が低下していることを意味するが,ご飯を食べることによって血糖値が高くなるわけである。ご飯を食べる前後で血糖値が低い状態から高い状態へと変化するのだ。ただ,因果律が制作されるのは不確定な状況のときであることから考えると,「お腹が減ったからご飯を食べる」という因果律はほとんど意味のないことになる。もしこの類いの因果律が制作されるとすれば,食べ物がなくて生命の危機に瀕しているときであろう。たとえば,「ご飯を食べないので死んでしまう」というような場合である。

心の問題を抱える,いわゆる〈悩みを持つ人たち〉は,過去に固執し,過去に経験したことを材料としながらネガティブ因果律を制作する。つまり現在,対人関係や学業がうまくいかないなどの「原因」を過去の辛い経験に求める傾向がある。

次に,科学者が制作する科学的世界における因果律は,物理法則・生理法則などであるが,これは普通,観察者およびその「心」とは関係のない客観的なものとして自明視されている。ところが,科学的,客観的な因果律もまた,観察者としての,科学者の「心＝主観」によって制作されるのである。

また,自然科学の科学的因果律に準じて制作されたフロイトの精神分析,いわゆる〈悩みを持つ人たち〉はすべてのクライエント（人間）に当てはまる過去決定論である。何度も述べたように,フロイトの精神分析の場合,神経症という「結果」の「原因」を幼少期（過

去）の親子関係の不和やそれにともなう乳幼児のトラウマに求める。これ以外にも，脳科学の進展を前提とする画像検査による認知症診断，すなわち海馬が萎縮した画像をアルツハイマー型認知症の診断に結びつけることが該当する。ただ，認知症という「結果」を画像という「原因」に結びつけようとする，医師の「心＝主観＝意志」が制作したものにすぎない。こうした類いの因果律として，心の専門家がアセスメントで必ず活用する各種の心理テスト（ロールシャッハ・テスト，バウムテスト等々）を挙げることができる。

また，因果律制作の不可能なケースとしては，災害・事件・事故等によるトラウマ・ASD・PTSDがあり，こうした災害は被災者にとって予想をはるかに超えた不確定な状況であることからそれに対処すること，ましてや因果律を制作することはできない。

さらに，因果律制作の不適切なケースとしては，「心」の上位に「脳」を置き，「脳」という表象世界をもってすべての事象を因果律で説明することが挙げられる。「心」は「脳」という下位の諸部分から創発されたものであることから，それは「脳」にはない法則性が付与されている（「脳」は「心」について考えることができないという1つを採っても明らかであろう）。そのこと以前に，「心」と「脳」はカテゴリーのレベルが異なるのである（私たちの使用する言葉そのものがフラットであることに基づく）。反対に，「脳」を「心」の上位に置く捉え方としてすでに前野隆司の「受動意識仮説」に言及したが，これは，上流にある「脳」から流れてきた情報を「心」が下流で後から追認するというものであった。ただ，「脳」を「心」の上位に置く限り，因果律の制作は不可能になってしまい，デッドロックに陥ってしまう。その意味で，「脳」を持ち出すことは，因果律制作の不適切なケースと結論づけることができる。

前述したように，日常的世界であろうと，科学的世界であろうと，

因果律そのものの型はすべて，因果律方程式として示すことができる。

2．原因と結果の属性

　何度も繰り返し強調してきたように，図3のように，わが身を「現在」に滑り込ませて「原因」-「結果」を制作するのは，私たちの「心」であった。

　あらかじめ述べると，私たちの「心」が制作する因果律において，「原因」および「結果」に該当するものは何でも良い。いま指摘したことはそれほど単純なことではない。というのも，「原因」および「結果」に該当するものは何でも良いと断言できるのは，やはりヒュームの主観的な因果律論を前提としているからである。ヒュームに準ずるとき，図3のように，「原因」-「結果」という因果律を制作する「心」さえ実在すれば事足りるのである。

図3　「心」の働き

　これに対し，「心」が因果律を制作することを前提としない因果律論においては，「原因」および「結果」に該当する属性が問題になるという点で複雑な様相を呈してくる。ただ，そのことは本書の目的を超えていることからごく簡単に述べることにしたい。

　たとえば，金杉武司は，「原因」および「結果」に想定される属性として「物理的状態」と「非物理的状態（＝心理的状態）」とい

う2つを考えている［金杉武司，2007：31-48］。そして，ごく単純に「原因」と「結果」の2つと，各々に入る2つの属性（タイプ）とを組み合わせると，4つのケースが出てきて，各々について金杉を参照しながらも筆者なりに具体的な例を添えると，表2のようになる。

表2　原因と結果の状態区分

原因	結果	具体例
物理的状態	物理的状態	ボールが当たったのでガラスが割れた
物理的状態	心理的状態	香りが漂ってきたでカレーだとわかった
心理的状態	物理的状態	腹が立ったので店員を殴った（行動）
心理的状態	心理的状態	やる気がないので不安になった（心の中）

ここでいう「心理的状態」とは「非物理的状態」という程の意味にすぎず，かなり広い概念である。「心理的状態」には「〜したい」という欲求を示す言葉から「やる気がない」という「心の中」を示す言葉まで多種多様なものが含まれる。

本書で問題にしたいのは，「原因」に入る「心理的状態（＝非物理的状態）」のうち，「やる気がない」もしくは「やる気がある」という意志を示す言葉，「教養がない」，「教養がある」という知識を示す言葉，「柔和な性格である」，「怒りっぽい性格である」という感情を示す言葉というように，知・情・意という「心の中」を表す言葉を「原因」に当てはめることの是非についてである。

いま述べたことは，「AだからBをする」という因果律方程式の制作上の禁忌（タブー）の問題とリンクしている。結論から述べると，因果律制作において「原因」に「心の言葉」および「心理学概念」を使用してはいけないということであり，これが因果律方程式

制作上のタブーとなる。それはなぜか，次に（先取りする形で）行動分析学の知見を手がかりに述べることにする。

3．医学モデルの問題点——心理学批判

ところで，精神分析をはじめ，心理療法（心理学）は，医学が構築してきた枠組みやモデルを自らのモデルとしてきた。ここでは，それを「医学モデル」と呼ぶことにする。ところで，医学（近代西洋医学）が進展してきた契機は，戦争と感染症の2つである。というのも，医学が直面したのは，戦争で負傷した兵士をどのように治療するかということと，見えない形で襲いくる結核やコレラなどの感染症から国民をどのように守るかということの2つだったからである。

医学は，戦争で負傷した兵士に対しては，傷の縫合や処置など外科的治療を施した。また，感染症については，結核やコレラなどの感染症への対抗のため，原因となる細菌を駆除する薬を開発した。具体的には，抗生物質であるストレプトマイシンやＢＣＧの予防接種などの内科的治療である。

このように，怪我によって患部が痛むとか，細菌に感染し，感染症の症状が出たといった場合，原因が患部または症状と一致していることから，医学は絶大な威力を発揮することができた。見方を換えれば，原因と患部または症状が離れていたり，両者の関係が不明確であったりする場合，医学は威力を発揮することができないのである。

ところで，心理療法が自ら手本としてきた医学モデルは，次の図4［Ramnerö, Törneke, 2008＝2009：33］のように示すことができる。図4は，医学モデルの標準形である。

V 主観的な因果律論をベースとする因果律方程式とその制作上の禁忌　71

事例：「話をすると，喉が痛む」と訴えるクライエントを目の前にしている内科医

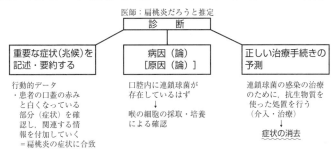

図4　医学モデル

　図4に即しながら一例を挙げると，「話をすると，喉が痛む」と訴える患者がいたとする。この患者に対し，内科医は図4のような手順で診断を下し，治療の手続きを行う。つまり，内科医はまず，患者の重要な症状（兆候）を記述し，そして要約を行う。図4に示されるように，重要な症状としては患者の口蓋の赤みと白くなっている部分（症状）を確認するとともに，それに関連のある情報を付け足していく。その結果，いままでの経験からこの患者の症状は，扁桃炎の症状に合致していることがわかった。内科医は，重要な症状から扁桃炎だと診断を下し，そのことを前提に，次に病因（原因）を探っていく。もし，これが扁桃炎であるならば，口腔内に連鎖球菌が存在しているはずである。それゆえ，患者の喉の細胞を採取し，培養して連鎖球菌があることを確認する。培養検査の結果，予想通り，連鎖球菌が発見されたとする。これでこの患者は連鎖球菌による扁桃炎であることが確証されたことになる。次に，連鎖球菌の感染を治療するために，抗生物質を用いた処置を行う。具体的には，抗生物質を内服薬として投与するのである。

　以上のように，内科医は患者の重要な症状の記述・要約にはじま

り，仮の診断を下した後，その診断の正しさを実証するために，病理検査によって病因を探り当て，その病因を実証した上で，正しい治療手続きの予測および実際の治療へと進めるのである。医学モデルにおいては，この患者の病因が何であるかを追求することが最も重要なものとなる。

ところで，戦争と感染症への対策として進展してきた医学，特にその病因論については問題が少なくない。というのも，医学においては，「病因（原因）」が明らかでない疾患に対しては対応できないことが多いからだ。

その典型は，慢性扁桃炎による臓器の障害（腎臓病）や肌荒れである。つまり，扁桃のT細胞（免疫細胞）が暴走することによって，外からの異物（黴菌）に対してではなく，自分の臓器を攻撃するのである。この場合，慢性扁桃炎が腎臓などの臓器を攻撃する病巣感染となるのだ。原因である慢性扁桃炎と，患部である腎臓は，身体において遠く離れているため，医学にとっては盲点となる（的確に診断するための症状は，扁桃の窪んだところに，膿栓［臭い玉］があるかどうかである）。それ以外にも，頭痛が起こった場合，鎮痛剤でとにかく痛みを取り去るしか手立てがない。それは，表面的な症状を抑えるだけの"一時しのぎ"の方法にすぎない。

次に，病因論を中心とする医学モデルを心理治療に適用することの問題点について指摘していきたい。たとえば，J. ランメロとN. トールネケが挙げた「マリーは，自分の『自信の欠如』を克服するための援助を欲しがっていた。」［同前：25］という事例がある。この場合，図5に示されるように，前述した医学モデルに沿って述べると次のようになる。

図5からわかるように，まず，セラピストは内科医よろしく，クライエントの重要な症状（兆候）を記述・要約する。その結果，ク

事例:「マリーは，自分の『自信の欠如』を克服するための援助を欲しがっていた。」

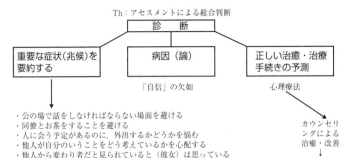

図5　心理療法における医学モデル

ライエントのマリーは，公の場で話をしなければならない場面を避ける，同僚とお茶をすることを避ける，人に会う予定があるのに，外出するかどうかを悩む，他人が自分のいうことをどう考えているかを心配する，他人から変わり者だと見られていると（彼女）は思っている，といった症状が記述・要約された。セラピストは，記述・要約したこれらの重要な症状（兆候）から総合判断を行い，一定の診断を下す。その結果，セラピストは，マリーの病因は「自信の欠如」にあると診断を下す。そして，こうした病因に対する正しい治療手続きを予測して，「自信の欠如」を改善する心理療法を実施することにするのである。

しかしながら，マリーの場合，前述したように，「自信の欠如」が「病因（原因）」となって，対人関係を回避しているといえるであろうか。そもそも，自信が欠如しているということ自体，観察できる

ものではない。そのことは、医学モデルが「病因」とする外傷や連鎖球菌（細菌）とは根本的に異なる。つまり、医学モデルでは「原因（病因）」となる外傷や細菌というように、モノ（物質）として実在するのに対し、心理療法が採る医学モデルにおける「自信の欠如」は、実在するモノではないのだ。実在／非実在の差異はとてつもなく大きい。

　繰り返すと、心理療法が採る医学モデルは、観察することのできない「自信が欠如していること」が「病因（原因）」となって、対人関係の拒否や人と会うことの回避といった「結果」をもたらしていると見なすのである。

　ところが、少し考えればわかるように、「自信」および「自信の欠如」という心の言葉は、多くの行動的なできごとを効率的に要約してくれるラベルにすぎない。私たちは個別的、具体的な行動を記述したり語ったりする代わりに、コミュニケーションの合理化を優先して、大雑把に「自信が欠如している」、あるいは端的に「自信の欠如」と記述したり語ったりしてしまうのだ。ランメロとトールネケが指摘するように［同前：28］、日常語に「ブーケ」という言葉があるが、これは沢山の花を綺麗に束ねたものを総称するにすぎないにもかかわらず、その「ブーケ」がどのような花で束ねられているのか、その内実を何も示してはいない。「ブーケ」という言葉そのものが、沢山の花を束ねる実質的な力を持っていないのと同じように、「自信の欠如」という心の言葉そのものも、「自信」に関する観察可能な行動に影響を及ぼす実質的な力を持っていないのだ。

　むしろ、現象に付けられた名前がその現象の「原因（病因）」だと錯覚・誤解してしまうことは、日常会話や心理学で使用される概念システムにおいても頻繁に生じていると考えられる。多動性・衝動性および注意力の障害といった「著しい落ち着きのなさ」と「集

中力の著しい欠如」を主な特徴とする行動障害は,「注意欠如多動性障害（ADHD：attention deficit hyperactivity disorder）」と呼ばれているが,現在それは,神経発達障害の概念（DSM-5）に括られている。それは単に,年齢や発達に不釣り合いな不注意さや多動性,衝動性を特徴とするものであって,日常活動や学習に支障をきたす状態を示しているにすぎない。ADHDは単に,症状を要約しただけの説明なのだ。

「病因」の特定化・固定化は,コミュニケーション（日常会話）の簡略化から生じる。つまり,クライエントの観察可能な行動の細かいリストを用いるよりも,「うつ」,「社会恐怖」,「自信の欠如」などとラベルを用いた方がはるかに効率が良いのである。いわゆる,コミュニケーションの効率化を優先した,「行動＝動詞」の「言語化＝名詞化（ラベリング）」である。その結果,「自信の欠如」,「ADHD」,「うつ」といったラベルがまるでそのクライエントの状態そのもの,あるいはそのクライエントに属人化されたもののように説明されてしまうことになる。正確には,こうしたラベルがそのクライエントの行動とは関係のない実体（実在）として,そのクライエントの中にある特性の何かとして扱われてしまうのだ。こうした仮説的な実体こそ,そのクライエントの行動を支配している内的「原因」だと見なされることになる。

繰り返しになるが,ラベルや概念は,大まかな指針を与えてくれる,それゆえコミュニケーションのスピードアップにつながる。ところが,その一方で,個別性やその人に関する細かな記述を犠牲にしてしまう。そのことはあたかも,「ブーケ」という言葉が,抱えきれないほどの沢山の赤いバラの束にも,貧相で半分しおれかけているタンポポの束にも,使用可能であるのと同じ事態となる。

医学の本家本元が採る医学モデルとは異なり,心理療法が採る医

学モデルにおいては付けるラベルが何ら良い効果をもたらさない。まず,「病因」をラベルで表示することは,心理治療の場面において効果的な援助や介入へと導いてくれない。むしろ「自信の欠如」というラベルは,クライエントを袋小路に追い込む契機となる。そしてそれは,単なるラベルを超えて治療が必要な,ミステリアスで内的な実体と化してしまう。いわば,ラベルが一人歩きするのだ。

ところで従来,精神分析,心理療法,精神医学,脳科学の大半は,病因論に立ってクライエントの支援・回復・治療に努めてきた。

あらためて病因論の立場からクライエントの症状を記述すると,次のようになる。

「○○だからうつ病(神経症等々)になった」,と。

これを記号で一般化すると,「Aだからうつ病になった」となる。

この場合のAには,精神分析や心理療法からは子ども時代の親子関係,親からの虐待(子どものトラウマ)等々が,精神医学や脳科学からは神経伝達物質(セロトニン)の欠如等々が代入されることになる。Aには,ありとあらゆる「原因(病因)」が該当するのだ。そして,支援・回復・治療は,その「病因」を探り当てると同時に,それを除去もしくは緩和・緩衝することが求められる。とりわけ,DSMを搭載した精神医学は病因(論)そのものに関心を持たない分だけ,症状を消すことに躍起となる。その方法が抗うつ薬のような薬物治療なのである。薬物治療は本来,自己防衛反応としての症状を短時間で消去することだけを企図している。症状を消去するという点では,DSMを搭載した精神医学は精神分析と同じなのである。

以上述べてきたように,医学は感染症で感染源が何でありどのような感染経路を辿ってきたかなど複雑で不確定な状況を縮減するために,患者の病気の原因(病因)を追求する,すなわち因果律を制

作するわけであるが，そのとき，患者に現れた症状の原因は「体の中にある」と考える。たとえば，発熱や関節の痛みという症状があれば，「体の中に」ウイルスがあること，体がウイルスに感染していることを推論するであろうし，青痣という症状があれば，「体の中に」内出血があることを推論するであろうし，筋肉痛という症状があれば，「体の中に」乳酸が溜まっていることを推論するであろう（医学の進歩により，筋肉痛は乳酸によって起こるのではなく，活性酸素によることがわかってきた。むしろ乳酸は激しい運動によって傷ついた組織の回復を助ける物質であることが判明したのである）。

ここで共通しているのは，医師が患者に発現した症状の原因は「体の中に」ある，ということを推論モデルとしていることである。問題なのは，こうした医師による推論ではなく，多くの心理療法（心理学）がこうした推論形式をそっくりそのまま模倣していることである。つまり，多くの心理療法（心理学）は，医師が症状の「原因」とした「体の中」を恣意的な形で「心の中」へと読み替えている。ここで，「体の中」を「心の中」に読み替えた結果，作られたものが（前にふれた）医学モデルなのであるが，この読み替えには大きな問題点がある。

1つ目として，医師が症状の「原因」が「体の中に」あるとする場合，想定されているものはカビ・黴菌・ウイルスなど何らかの物質——生命体もまた物質である——であるのに対し，心理療法（心理学）の医学モデルでいう症状の原因が「心の中に」あるという場合，想定されているものは何らかの物質ではなく，言葉だということである。物質／言葉の決定的な違いは，物質が実体を持ち，それゆえ明確な定義ができるのに対し，言葉は実体がなく，それゆえ明確な定義ができない，ということにある（言葉もまた，言葉遊びを通し

て物質であることが明らかになるが、この点については除外する)。

　というのも、「体の中に」ある物質に対し「心の中に」ある言葉は、個々人によってどのようにでも制作可能であり、その言葉の意味は個々人によってまちまちとなる。「心の中」の言葉といって思い浮かぶのは、いわゆる知・情・意の言葉である。これらの言葉は私たちの誰もが使用可能なものであることから、それはラベルにすぎない。したがって、実体のないラベルとしての「心の中」の言葉を症状（心の病気）の「原因」とすることは誤りである。したがって、因果律の制作において唯一タブーとなるのは、心の症状（病気）の「原因」が「心の中」の言葉（ラベル）にあると見なすことであり、ひいては「心の中にある」と考えることである。饒舌になることを恐れるが、心の症状の「原因」が、「心の中」の言葉にあることと、端的に「心の中にある」こととはまったく同一のことを意味する。

　すでに述べたように、「心の言葉」が有用になるのは、逐一具体的な行動に言及することなしに、会話やコミュニケーションの中で情報として他者に向けて効率的に伝えるときだけであった。たとえば、Aさんは「意志が弱い」から禁煙が続かないとか、Bさんは「引っ込み思案な性格」だからいつも後手に回るとか、Cさんは「教養が乏しい」から仕事ができないといった風に、である。

　「意志が弱い」、「引っ込み思案な性格」、「教養が乏しい」という「心の（中の）言葉」は、具体的である特定の行動に対し他者によって付けられた名前やラベルにすぎないにもかかわらず、こうしたラベリングは会話やコミュニケーションの効率化を通して個々の行動を超えてその人自身の特質や個性へと飛躍し、定着していく。

　さらに問題なことは、知・情・意という「心の中」を表す言葉は、否定形という形でネガティブに使用されることが大半だということである。前述した「意志が弱い」、「引っ込み思案な性格」、「教養が

乏しい」はいずれも，知・情・意の言葉のネガティブ使用である。裏を返せば，心理療法（心理学）における医学モデルは，知・情・意という「心の言葉」のネガティブ使用を原則とするのだ。そのことは，医学モデル自体，心の問題や病気を対象とすることから見て当然のことである。

　２つ目は，こうしたラベリングには危険がともなうということである。つまり，行動にラベルを貼るとき，多くの場合，私たちは無意識のうちに「心」を想定し，その「心」が問題行動を引き起こしているのだと考えてしまう。しかも，「意志」，「やる気」，「性格」は，行動に対して貼られたラベルであることから，その実体はそれが指し示す行動と同じであるがゆえに，「意志」，「やる気」等々が行動を説明する「原因」とはならない。ラベルの効用についてすでに述べたように，逐一具体的な行動に言及することなく，情報を伝えることができることから，日常会話でラベルを使用すること自体に問題はない（こうしたラベリングが個人を非難・中傷することにつながることは，別の問題である）。

　繰り返し強調すると，医学モデルの問題点は，知・情・意の「心の（中の）言葉」を行動の「原因」だと考えてしまうことにこそある。行動のラベルにすぎない「心の言葉」を，行動の「原因」と見なす考え方，そして，行動として目に見える形で発現した問題の「原因」は「心の中にある」と捉えることこそ問題なのである。

　しかも，因果律方程式の「原因（A）」に「心の中」の言葉，すなわち知・情・意の言葉——大抵は，知・情・意のネガティブ態——を代入することは，会話・コミュニケーションの効率化にはなり得ても，無意味であるどころか，それ以上にその「原因」についての責任を当人に帰してしまうことになり，堂々巡り（悪循環）に陥ってしまうことになる。

さらに3つ目は，医学モデルの「原因」として入るのは，「心の言葉」だけにとどまらないということである。つまり，「原因」に入るのは，「心の言葉」のみならず，日常の言葉と同列にある「心の言葉」を心理療法や心理学によって抽象化した専門概念（専門用語），たとえば「自己有能感」，「自己肯定感」，「自尊感情」，「自己愛」等々も候補となる（なお，この点については後述することにする）。

以上，心理療法（心理学）における医学モデルを因果律を制作する上での禁忌となることについて明らかにした。一言でいうと，「心の言葉」および「心理学概念」使用禁止！である。なお，筆者による医学モデル批判は，行動分析学の考え方と共通するものであることからこの点についてはあらかじめ，行動分析学の知見を参照することにしたい。

4．仮説構成概念の乱脈とその問題点——精神分析批判

すでに，因果律制作上のタブーとして「原因」にあたる箇所に，日常の言葉の延長線上にある，知・情・意という「心の言葉」およびそのネガティブ使用，さらに「心の言葉」を抽象化した心理学の専門概念を使用することの問題点について言及してきた。次に，指摘すべきなのは，複雑な概念体系から成る精神分析や心理療法の仮説構成概念（心理学概念）である。

たとえば，イギリス対象関係論の嚆矢にして代表的臨床家，M.クラインが示した乳児の心の発達図式を次に例示することにしたい。出典は，2013年に刊行された『精神分析ガイダンス』という最も平易に要約され文献に依拠している（下線は「精神分析の専門用語」を示す。また，引用文はですます調をだ・ある調に変更した）。

Ⅴ　主観的な因果律論をベースとする因果律方程式とその制作上の禁忌　81

　「生後間もない乳児は，〈投影性同一視projective identification〉
をもとに，満足を与える「よい対象（よい乳房）」を理想化し，
不満を与える「わるい対象（わるい乳房）」を攻撃するという
〈分裂splitting〉という原始的防衛機制を用いる。
　クラインは，人のもつこのように『不満を与える対象へ攻撃
する本能』を"死の本能"と呼んだ。また，同一対象を『よい
対象／わるい対象』に分裂してとらえて（部分対象），わるい
対象に対し"死の本能"にもとづいて攻撃・破壊していくこと
を"羨望envy"と呼んだ。
　そして，攻撃・破壊していく過程で，みずからの内的世界の
投影によって〈迫害不安persecutory anxiety〉も生じる。クラ
インは，このような人生最早期の母子関係の構えを《妄想的分
裂態勢》と名づけた。」[長尾博，2013：40]

　この引用文にあるように，クラインの精神分析概念は，「投影性
同一視」をはじめ，「よい対象（よい乳房）」，「わるい対象（わるい
乳房）」，「分裂」，「原始的防衛機制」，「部分対象」，「死の本能」，「羨
望」，「迫害不安」，「妄想的分裂態勢」という具合に，「心の中の世
界（内的世界）」を表す数多くの仮説構成概念のオンパレードであ
る。これらの概念のうち，どれ1つとして日常的世界に対応するも
のはない。一見，日常の言葉に見える「分裂」でさえ，その意味を
日常的世界に見出すことはできない。
　個々の概念はともかく，"誰か，この文章の意味するところをわ
かりやすく解説してください！"と求めても，概念の上では認識で
きても，すなわち概念同士のつながりだけで説明することはできて
も，この文章全体を理解することはできないのではなかろうか。私
たちはこれを鵜呑みにするしかないのだ。そのことが仮説構成概念

だといわれる所以である。これらは日常的世界に対応しているどころか、人間の行動とは無関係に恣意的に作られた説明のための説明概念にすぎない。前述したように、ある事象を説明するために作られた概念であるがゆえに、当の事象について説明がつくのは当たり前なのである。

次に、ではなぜ専門外の人たちにはこうしたクラインの精神分析言説を理解することができないのか。その理由は、「心の中の世界（内的世界）」およびその構造・メカニズムが演繹的な形で自己完結的に記述されていて、現実との対応やつながりがないからである。これは、実体のないもの、象徴的な事象を特殊な概念によって表現することの危うさを示している。つまり、クラインに代表されるように、精神分析概念は、自己完結的であると同時に、閉鎖的なものとなっている（要は、一連の精神分析は、K. ポッパーの反証可能性を持ち出すまでもなく、批判や開かれた論議を寄せつけないのだ）。

繰り返しになるが、クラインをはじめ精神分析は、すべての心の問題や症状を「心の中」に求め、その「心の中」を実体のない、恣意的な言葉（仮説構成概念という"専門用語"）で記述・説明し尽くそうとしている。これは精神分析による説明することへの意志または欲望と呼ぶほかない。

ところが、精神分析や心理療法が用いる、「心の中」や「心の病気」を表す"専門用語"は行動の結果、副次的に産出された残滓（残り滓）であり、単なるラベルやレッテルでしかない。端的にいうと、「心の中」を表す言葉（「心の言葉」）にはラベルやレッテル以上の価値はない。ラベリングそのものは、「クライエント／それ以外の人」、総じて人を「差異化＝差別化」するという意味で有害なものでしかないのだ。

ところで，アドラー心理学は，カウンセラーやセラピスト優位の「心の言葉」が実は，クライエントその人にとっては何らかの関連があっても，何の関係もない単なる説明でしかないことを看破することで目的論に向かった。カウンセリングやセラピーが「する側」にとっての饒舌な説明でしかない「心の言葉」に固執・呪縛するだけならば，クライエントに対する治療がうまくいかなかったり，むやみに時間がかかったりするのが関の山なのである。

とはいえ，する側の説明に終始する精神分析や心理療法に対し，著効の期待できる薬物療法を行えば良いということでは決してない。実は，精神分析が衰退したのは，薬物療法が精神分析と比べて治療効果を期待できるという間接的な，非本質的理由によってなのであって，その理論（捉え方・考え方）そのものが否定されたわけではない。だからこそ，今日においても相変わらず，精神分析は自らの存在意義を疑問視し得ていないといえるのだ。

以上のことから，すべての心の問題の「原因」を，クライエント自身の治療や改善につながることのない，「心の言葉」や仮説構成概念に還元する精神分析や心理療法は，根本的に誤っていると考えられる。こうした言葉や概念はせいぜい，レッテルとして機能するだけである。むしろ「心の言葉」やそれを専門用語へとグレードアップしたかに見える仮説構成概念が，その人そのもの（の症状や病気）だと同定されてしまうと，すべての問題はその人の性格や資質ややる気のせいとなり，自己責任に転嫁されてしまうことになる（こうした考え方そのものは，新自由主義が唱える自己責任論と大変相性が良いことを付け加えておきたい）。

最後に繰り返し強調すると，クラインを通して見てきたように，精神分析ほど仮説構成概念のオンパレードであるものはない。精神分析およびその概念体系は，「クライエント捕囚」につながる危険

性が高い。因果律方程式,「AだからBをする (Bになる)」, 記号化すると「A→B」の「原因A」に「過剰な自己愛」が挿入され, そうした「心の中」が「原因」となって,「対人関係がうまくいかない」という行動上の問題に帰結することもあれば, 同じく「原因A」に「低い自己肯定感」が挿入され, そうした「心の中」が「原因」となって,「仕事ができない」という行動上の問題に帰結することもあるわけである。したがって, 精神分析は自ら「心の病気」の種類を増やしたり細分化したりすることで, 自ら「心の病気」市場を開拓している。その度に説明のための概念が増殖するというからくりなのである。

5．原因論の破棄／切断は妥当か

(1) DSM搭載の精神医学による原因論の破棄
——症状を消すことの問題点

ところで, 精神医学は自らの科学性・客観性を確保するために, DSMを大幅に改良してきた。それがDSM-Ⅲであり, 現在ではDSM-5が制作され, 診断に使用されている。もともと, DSM (以下では, DSMという場合はDSM-Ⅲ以降を指す) が制作された最大の目的は, 統合失調症の診断のばらつきを是正・統一することにあった。従来のように——精神病理学が分類した「心因性」,「内因性」,「外因性」に代表されるように——, 原因論もしくは病因論の立場を採ると, その診断を統一することが困難となる。

近年, 増加の一途を辿っているうつ病, その典型である「大うつ病性障害 (major depressive disorder)」のDSM-5に基づく診断基準は, 9つの症状のうち5つ (またはそれ以上) が同一の2週間に存在し, 病前の機能からの変化を起している (なお, これらの症状

のうち少なくとも1つは，抑うつ気分または興味または喜びの喪失である）。9つの症状とは，「抑うつ気分」と「興味または喜びの喪失」をはじめ，「体重の増減」，「睡眠の過少と過多」，「精神運動性の焦燥または制止」，「易疲労性または気力の減退」，「罪責感の異常」，「思考力や集中力の減退」，「自殺念慮・志願」である（問診は短時間である）。

　木村敏が精神病理学の立場から述べるように，症状とは，「病気に対する脳の反応」［木村敏，2008：57］なのであって，「症状」と「病気」は同じではない。裏を返せば，DSM搭載の精神医学は，症状（この場合は，うつ症状）を「脳の反応＝変化」と見なし，抗うつ薬などの薬物療法によって消去できると捉えるのである。つまりDSM搭載の精神医学は，病気を診ることなく，症状だけを診て，そしてその症状を消去することに専心するのである。こうした治療法は，精神医学をより一層生物医学へと向かわせることになる。もっというと，抗うつ薬で治る病気こそうつ病なのだ。

　そのことを前述した医学モデルを用いて図示すると，図6のよう

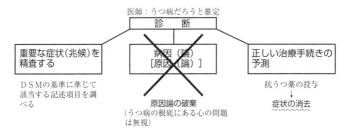

図6　DSM搭載の精神医学の診断と治療
（原因論の破棄と症状の消去）

になる。

　このように，原因（病因）論そのものを度外視するDSM（およびそれを搭載した精神医学）の前ではうつ病（気分障害）はすべて同一のものにすぎない。いわゆる，うつ病のフラット化である。

　しかしながら，心の病を含め病気は，症状が発現したものである。病気に罹ると，何らかの症状が身体に出てくる。たとえば，ウィルス（病気）に冒された身体は，熱やくしゃみや痛みなどの「炎症」となって発現するが，こうした症状とは，DSMやそれを搭載した精神医学に反して，病気に罹患したクライエントが起こす，生体（身体）の防衛反応なのである。つまり，何らかの病気に罹患した生体にとって症状は，自然で有意義な自己治療機制なのである。クライエントにとって症状を身体に表出することは，一種の自己治癒にほかならない。クライエントにとっては症状が身体に出ることにより病気と闘うもしくは付き合うことができるのだ。そしてさまざまな症状の基底に病気が潜んでいるがゆえに，それを根本的に解明することが不可欠になるのである。

　しかしながら，すでに述べたように，DSMおよびそれを搭載した精神医学は，生体の一部ともいえる症状を消すことしか考えていない。正確には，迅速に消すことである。その理由は簡単である。というのも，心の病気によって起こる症状——認知症でいえば，ケアをする人に迷惑をかけてしまう周辺症状（行動・心理症状）——が家族や身近な人たちだけにとどまらず，社会や国にとっても迷惑がかかるからだ。迷惑になるどころか，症状の程度によっては家族や他人に危害を加えてしまうこともある。

　このように，症状についてDSM搭載の精神医学と，それと真っ向から対峙する精神病理学とでは，「症状観」に根本的な違いがある。前者は，薬物治療によってすぐに症状を消すことだけを，後者

は，症状が自然に消えるのを待つことだけを各々志向している。

　ところで，DSM搭載の精神医学が行うように，症状さえ消すことができたならば，病気が治ったということになるのであろうか。それは否であろう。むしろ薬物治療によるあまりにも迅速な症状の消去は，当のクライエントを自殺に仕向けてしまうという症例が報告されている。その理由は，前述したように，症状を除去することは，生体自らの自己防衛機制を簒奪し，ひいてはクライエントが自ら病気と闘う力を失ってしまうからである。

　見方を換えると，精神病理学が提起するように，症状は自然に消え去るまで無理にとってはならないというのが原則である。症状を消すどころか反対に，症状を洗練したものへと作り変える試みさえある。ごく簡単に述べると，統合失調症の治療共同体として有名なべてるの家では，クライエント（というよりも，当事者）は症状を自らの個性あるいは自分の一部として扱い，それを安全なものに向けて自分で訓練している。たとえば，リストカットを行うクライエントは，リストカットの方法を熟練することで普段，安全なリストカットを実践する。また，摂食障害のクライエントは，吐き出したものが喉につまらないように，安全な吐き方などを自ら修得し，職人であるかのように，安全なリストカッターを目指す。さらには，各々のクライエントが持つ幻聴を「幻聴さん」と呼び，自らの身体の一部（友だち？）と見なし，その個性的な「幻聴さん」を毎年開催される「幻聴さんコンテスト」で互いに競い合う。クライエント当事者によるこうした捉え方は極端なものとはいえ，幻聴がドーパミンの過剰分泌，いわゆる脳の異常「反応＝症状」だと捉えるだけの，DSM搭載の精神医学とは大きな違いである。

　本書は，アドラー心理学とともに原因論を批判しながらも，再度，原因論を因果律（ヒュームの主観的な因果律論）という観点から捉

え直してきた。DSM搭載の精神医学に対し少なくてもいえることは、原因論を安直な形で放棄もしくは無視することは、症状（＝脳の反応）を迅速に消すことにつながり、症状の深層に隠れている病気を捉え損ねることになるということである。症状と病気はクライエントにとって一体のものである限り、表層の症状を消去することは、クライエントその人から病気と闘う（向き合う）力を削ぐことになりかねないのである（その最悪の結果である自殺は決して蓋然的なものとして起こるのではない）。

(2) 短期療法による原因論の切断

ところで、因果律制作上の禁忌としての医学モデルとはまったく別に、原因論を批判すると同時に、原因論を採らない問題解決を先駆的に志向し、実践した心理療法がある。それは、短期療法（ブリーフセラピー）、特に解決志向アプローチである。解決志向アプローチでは、「解決」について知る方が、問題と原因を把握することよりもはるかに有用であると捉える。次に、従来の心理療法（サイコセラピー）と短期療法（ブリーフセラピー）との違いを、「問題志向」と「解決志向」という2つの対比で見ていくことにしたい。

一般に、「過去－現在」という時間軸上で「原因－結果」から成る直線的因果律に基づく理論構築を前提とする、従来の多くの心理療法は、問題は何かを把握し、次にその「原因」を特定し、その「原因」となるものを取り除いたり変化させようとしたりする。それは、「原因」がなくなったり変化したりすれば、問題はすみやかに解決に向かうという発想である（前述したことと重複する）。

実は、こうした発想と酷似しているものがある。すなわちそれは前述した医学モデルとしての「感染症対策モデル」［森俊夫・黒沢幸子，2002：36］である。詳述したように、感染症の場合、何らか

の細菌やウイルスなどが体内に侵入することによって，何らかの症状（頭が痛い，お腹が痛い，熱が出る，身体がだるいなど）が出てくる。したがって，「これは何菌か，それとも何ウイルスか」というように病因を特定し，それを駆除するために適切な薬（抗生物質など）を投与する。そして，病因がなくなれば，熱は自然と下がり，お腹も正常に戻る。近代医学は，こうした，いわゆる「感染症対策モデル」に基づいて発展してきた。そして，多くの心理療法も，基本的にはこの医学モデルを心の領域に当てはめるという形で構築されてきた。

　ところが，現代医学は，近代医学の「感染症対策モデル」に対し，「慢性成人病疾患モデル」［同前：37］を対置した。ここで「慢性成人病疾患」とは，循環器系の疾患，ガン，糖尿病，痛風，リウマチなどを指す。たとえば，その中の1つである高血圧症の場合，その原因が無数にあって特定することはできない。その「原因」を全部特定していくことは不可能である。しかも，時間の経過によって「原因」はますます複雑化していく。つまり，「原因→問題・症状」という方向だけでなく，問題や症状が「原因」に影響を与えていることも推測され得るし，あるいは「原因」同士が影響し合っていることも推測され得る。具体的にいうと，高血圧症の「原因」は，会社でのストレスと家庭でのストレスが相互に影響を及ぼし合っている可能性がある。すなわち，会社における上司と部下とのトラブルがストレスの「原因」となって家庭での人間関係を悪化させる（妻や子どもに八つ当たりをする）ことになっていたり，さらに，家庭での人間関係がうまくいかず，慢性的にイライラしていること（ストレス）が会社での仕事や人間関係に悪い影響を与えていたりすることがある。

　以上述べた，「感染症対策モデル」と「慢性成人病疾患モデル」

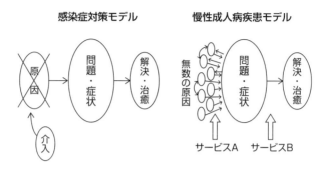

図7　短期療法の戦略
（原因論の無視）

は，図7のように示される［同前：40］。図7から明らかなように，前者がサービスAの専門家のように，問題・症状の原因，すなわちなぜ，どのように問題が起こったかについて原因を探るのに対し，後者はサービスBの専門家のように，原因の解明は役に立たないと考えて，どうすれば問題は解決するのかだけに集中するのである。

このように見ると，1つの「原因」を特定し，それを退治（解決）することを前提とする「感染症対策モデル」と，1つの「原因」を特定し得ないがゆえに，「問題・原因」を追求することよりも，「問題・原因」を解決・解消することを前提とする「慢性成人病疾患モデル」との相違は，決定的なものだと考えられる。

ところで，「慢性成人病疾患モデル」は，複雑系（complex systems）に類するものである。複雑系といわれる学問が示すように［池内了，2002］，たとえば地球温暖化という問題は，将来，どのようになるか，予測することが難しいという。というのも，二酸化炭素の増加にともなう地球温暖化が大地の砂漠化を促進してしまうために，より一層，温暖化が加速されていくのか，それとも反対

に，温暖化の促進により，植物が一層繁茂し，その光合成作用によって二酸化炭素が減少して温暖化が抑えられたり，あるいは温暖化によって水が蒸発しやすくなり，雲が増え，太陽光が反射して温暖化が抑制されたりするかもしれない。

このように，物理的な自然現象ですら，さまざまな「原因」同士が複雑に絡み合って影響を与え合い，「原因-結果」を単純に想定することはできない。ましてやもっと複雑な人間の心の問題に対し単純な因果律が当てはまるとは思えないのである。つまり，人間の生は，家族療法が唱える「円環的因果律（circular causality）」を持ち出すまでもなく，特定の「結果」をもたらす「原因」を1つもしくは幾つかに特定化する「直線的因果律（linear causality）」で説明できるほど単純ではないのである。

そもそも，「問題・原因」というものは，構築されるのではなかろうか。たとえば現在，「不登校」，「いじめ」等々，「言葉のウイルス」は大流行している。こうした言葉が使われる前までは，起こっていること自体には大きな違いがなくても，それを問題だとする言葉が当てられると——「いじめる」が「いじめ」と名詞化されて実体化されるようになると——，その良し悪しは別にして，状況に大きな違いが生まれてくる。問題は言葉によって作られるものなのである。最初は何もなかったところに，少なくとも問題だといわなくて良かったものに「問題」という名前（レッテル）を付け（貼り），その感覚が共有されていくうちに，より一層「問題」は大きくなり，本当の「問題」を作ってしまうことになる。

たとえば，おとなしい子どもを見て「彼（彼女）は覇気がない」，したがって「問題」だと捉える。その一方で，元気な子どもを見て「彼（彼女）は騒がしい」，したがって「問題」だと捉える。そのことは，何を「問題」と見なすかは，まったく恣意的な事柄にすぎない

ということを意味している。つまり，問題は実在するのではなく，その時々の状況において言葉によって恣意的に作られるのである。端的に，「問題は作られる」のだ。

　このように，解決志向アプローチ（短期療法）は，従来の心理療法，特に精神分析とは対照的に，クライエントの心身の「問題」や症状の「原因」を探し出すことは行わず，専ら問題解決に向けて心理治療を展開していくのである。短期療法はそのネーミングの通り，「短期」，すなわち時間的資源の過少のもと，クライエントの自己回復を支援していくのだ。時間的資源の過少性という点では，認知行動療法も同じ路線であるが，本書では，心理療法における医学モデルを問題視した短期療法の功績については一定の評価を行いたい。

行動分析学から抽出する
「行動の正しい推論形式としての因果律」

　繰り返し述べてきたように，一般の因果律は「AだからBをする」(「AだからBを起こす」,「AだからBになる」,……)と表すことができる。

　これに対し，行動分析学の進展態としての応用行動分析学 (applied behavior analysis：ＡＢＡ) のＡＢＣ分析を推論形式のフレームワークとして参照することにしたい。本書は，ヒュームの因果律論にまで立ち戻り，自然科学や社会科学などすべての科学およびその科学的因果律を再検討してきたが，これから参照する，行動科学としての行動分析学もまた，再検討の対象となる。その意味では行動分析学も例外ではない。したがって，行動分析学もまた，行動科学以前の推論形式という形で捉え直すことにする。行動科学のＡＢＣ分析においては，ある行動が「原因」となってその行動が何度も繰り返されるといういわゆる行動の法則を解明するが，ここでは行動の法則(行動「科学」)を問題にするのではなく，行動の初発(1回目)を対象に，それが有する意味を推論形式として抽出することを目的としている。

　ゲーム理論でたとえると，行動の法則を追究する行動科学が複数回繰り返される囚人のジレンマ理論であるのに対し，行動の初発が有する意味のある推論形式を抽出することは，1回限りの囚人のジレンマ理論のようなものであると考えられる。囚人のジレンマ理論

では、1回限りの場合と複数回の場合では戦略がまったく異なるのと同様、ここで取り上げるＡＢＡから抽出する行動の推論形式と行動科学でいう行動の法則とはまったく異なるわけだ。私見によると、ＡＢＡのＡＢＣ分析を推論形式に変換したものにこそ、意味があると考えている。とはいえ、それは、行動分析学（行動科学）を借用・転用したものであって、行動分析学そのものとは何ら関係がない。繰り返すが、本書ではヒュームへの遡及を通して行動科学を枠組みとしつつ、それを発展させるのではなく、行動科学の起源もしくは成り立ちにまで戻るわけである。私見によると、行動分析学の起源や成り立ちは、ＡＢＣ分析の初発を推論形式として取り出したものにこそある。

　では、正しい推論形式を抽出する前に、行動分析学、特に応用行動分析学のＡＢＣ分析とは何かについて、杉山尚子の明晰な解説を中心にまとめることにしたい。その論述の後で、ＡＢＣ分析の初発から推論形式を抽出することにしたい。

1．ＡＢＣ分析の展開

　行動分析学（behavior analysis）とは何かというと、それは、B.F.スキナーが新行動主義心理学を継承しながらも、新たに構築した徹底的行動主義（radical behaviorism）に基づく心理学の一体系のことである。歴史的には、フロイトやユングらの精神分析に対抗する形で発展してきた。スキナーは「精神」分析に対抗して「行動」分析とネーミングしたほどである。

　行動分析（学）は、精神分析と正反対の心理学なのである。つまり、行動分析学は、精神分析のような非科学もしくは似非科学とは異なり、洗練された自然科学をモデルとする心理学である。精神分

析が唱えるように，心理（心の中）もしくは内面は，実際には実在するかもしれないが，行動分析学では，論理実証主義よろしく，確認することができない，正確には確認する手立てのない"概念"（＝仮説的構成概念）は極力排除されなければならないと考える。これは少なくとも心理学を自然科学として扱う以上，絶対に欠かすことのできない考え方である。

また，行動分析学は人の行動に対し，現実的で効果的なアプローチを採る。しかも，多くの実験は行動分析学の理論をベースに成されている。

ところで，行動分析学の主な特徴は，次の5つに要約される［中井，2014：53］。

①行動についての哲学的な立場として，徹底的行動主義を採用する。
②ヒトだけでなく動物を含むオペラント行動を研究対象とする。
③ある行動の予測と制御ができることをもって，その行動を理解できたとする。
④行動の原因として，環境要因を重視する。
⑤研究法としての実験計画法や統計的検定に基づく群間比較を用いず，行動の直接制御による単一被験体法を採用する。

また，行動分析学の原則（指針）は，次の3つに要約される［佐藤方哉，2001：3］。

①研究の対象は行動それ自体である。行動を通して心ないし意識や認知あるいは脳の働きなどを研究するのではない。
②行動に関するすべての出来事を，同一の理論的枠組みとできる

だけ少ない共通の原理で分析する（parsimony：例外の多い枠
　　組みは良いとはいえない）。
　③行動の原因（独立変数）を，個体の内部にではなく，個体をと
　　りまく過去および現在の外的環境のなかに求める。

　なお，行動分析学の場合，環境といえばすべて，外的環境を意味
する（内的環境を記述する立場を採らない）。
　重要なことは，精神分析をはじめ，他の心理学の思考法，すなわ
ち原因論と比べて（に対して），行動分析学は，次のような思考法，
すなわち良質の因果律論を採る，という点である。
　精神分析などの他の心理学が原因論という思考法，すなわち「……
だから〜を起こす」であるのに対し，行動分析学は良質の因果論
（記述），すなわち「……を起こせば〜（となる）」という思考法を採
る。
　まず，Aという状態がある。次に，Bという行動を起こす。する
と，Cという結果になる。ここで記号で示したA，B，Cを順に，
「先行事象」，「行動」，「後発事象」と呼ぶ。これらの概念を用いる
と，「先行事象（A）があるが，行動（B）をすると，結果（C）にな
る。それゆえ，行動（B）をする」，と。つまり，行動（B）を起こすと，
先行事象（A）は後発事象（C）へと「変化」する，ということなの
である。
　行動（B）は，先行事象（A）を後発事象（C）へと変化させるこ
とから，行動主体にとっては行動そのものを起こす動機・理由，す
なわち究極の原因となり得るのである。
　記号で簡潔に示すと，次の図8のようになる。
　言い換えると，Bを起こすのは，AがCへと変化する，しかも行
動分析学でいう「60秒の原則」のように，きわめて短時間のうちに

$$\boxed{\text{B : A→C ∴B}}$$

図8　ＡＢＣ分析の定式

変化するからなのである。Ｂを起こしてもＡからＣへとすぐに，少なくとも60秒以内に変化しないとき，行動主体にとってＢは究極の原因となり得ない，と考える。

　繰り返し強調すると，良質の因果律では，「現状（Ａ）は〜であるが，行動（Ｂ）を起こせば，結果（Ｃ）になる。だからＢをする。」というように記述される。したがって，行動（Ｂ）を起こす動機・理由・原因（本当の原因または究極の原因）は，「A→C」という変化（事後的な結果）にこそある。裏を返せば，「行動（Ｂ）をすれば，ＡからＣへと環境が変化するからこそ，行動（Ｂ）をする」，「A→Cという変化」がない限り，行動（Ｂ）は行わないのだ。

　さらにいうと，「行動（Ｂ）をすれば，現状（Ａ）でなくなる」ということになる。万が一，「現状（Ａ）が変わらないとすれば，行動（Ｂ）そのものが適切な行動ではないからだ」ということになる。

　以上述べた良質の因果論的認識という思考法は，行動分析学の公式では，次のように規定される。つまり，行動と環境変化との関係を，「先行事象」，「行動」，「後発事象」という３つに分節化して，行動を制御する随伴性を書き出すことである。そして，何か行動をした直後に環境が変化すると，その変化のためにその行動がその後，繰り返されたり，繰り返されなくなったりすることがある。

　こうした行動と環境変化の関係は，「行動随伴性」［杉山尚子，2005］，すなわち事後的な結果が行動を起こさせる。行動随伴性は，図９のように示すことができる。各項目のアルファベットの頭文字をとってこれを「ＡＢＣ分析」と呼ぶ。

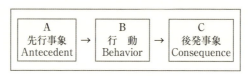

図9　ＡＢＣ分析

　なお，行動分析学では，行動と環境変化の関係，すなわち行動随伴性を最重視しながら，何か行動をした直後に出現すると，その行動の自発頻度を高めるできごとや条件（＝「好子」）と，何か行動をした直後に出現すると，その行動の自発頻度を低めるできごとや条件（＝「嫌子」）について詳しく解明している。ＡＢＣ分析は，行動分析学にとって基礎的な知見であるにもかかわらず，これから述べる原因論の呪縛を解く上で不可欠なものなのである。行動随伴性，すなわち行動を起こすと先行事象が後発事象へと変化する，だからこそ行動を起こすのだ，という思考法についてはその重要性を何度強調してもしすぎることはない。そして，この思考法は，アドラー心理学では単なる記述に終始していたが，正しい推論形式としての因果律についての実証研究へと進展させる契機となるものである。

２．行動随伴性に基づく４つのタイプ

　次に，行動科学から行動随伴性を捉えるとき，４タイプに分けることができる。
　前述したように，行動随伴性とは，行動と行動直後の状況の変化との関係で，行動の原因を解明し，行動を改善するための枠組のことである。

(1) 好子出現の強化：行動の直後に好子が出現すると，その行動は将来繰り返される
(2) 嫌子消失の強化：行動の直後に嫌子が消失すると，その行動は将来繰り返される
(3) 嫌子出現の弱化：行動の直後に嫌子が出現すると，その行動は将来しなくなる
(4) 好子消失の弱化：行動の直後に好子が消失すると，その行動は将来しなくなる

さらに，この4つのタイプは，次の表3のように示すことができる（なお，言語行動オペラントについては本書の目的を超えているので，省略することにする）。ここで「好子」とは，「行動の直後に出現の変化が起こると強化される」が「この時出現したもの」[杉山尚子，2004：47]のことであり，「嫌子」とは，「行動が強化される時に行動の直後に消失するもの」[同前：53]のことである。簡潔にいうと，人間の行動において何らかの行動をした直後に出現すると，その行動の自発頻度が高くなるできごとや条件となるものが「好子」であり，まったく逆に，その行動の自発頻度が低くなるできごとや条件となるものが「嫌子」なのである。

表3　行動随伴性の4つのタイプ

	好　子	嫌　子
出　現	(1) 強　化	(3) 弱　化
消　失	(4) 弱　化	(2) 強　化

行動分析学を行動科学以前の，1回限りの推論形式として捉え直すと，「好子」はある特定の行動を起こすポジティブな刺激となり，

「嫌子」はある特定の行動を起こさないネガティブな刺激となる。ただし行動科学としての行動分析学では,「好子」と「嫌子」は価値中立的な概念であり,「良い／悪い」という対立語とはならない。というのも,これらは行動の直後に出現するものであり,その後の行動の有り様を規定するものでしかないからだ。つまり行動分析学の場合,道徳的な行為のように,あらかじめ良いからする,とか,悪いからしないという具合に,良い／悪いという価値を帯びた行動パターンとはならない。したがって,行動分析学と1回限りの推論形式では「好子／嫌子」あるいはそれらに相当する刺激が出現するタイミングが異なるのである。

　以上のことから,1回限りの推論形式の立場から両者の概念を転釈する場合,これらがある1つの（＝ある1回の）行動を選択・決定するという文脈に置かれるため,ポジティブな刺激／ネガティブな刺激という具合に価値を帯びることになる。繰り返し強調すると,行動分析学では「好子／嫌子」は行動の継続を決めるものとなるがゆえに,価値中立的な概念およびその使用法となるのだ。

　ところで,徹底的行動主義の立場から行動分析学を構築したスキナーは,目指すべき社会の構築は,表3に示された「(1) 強化」であるとし,これを最重視している。すなわち,「嫌子を使ったコントロールを否定し,好子によって制御される社会システムを作り上げること」[杉山尚子, 2005] なのである,と。この発言からスキナーが構想する制御社会はきわめて健全なものであると判断できる。というのも,私たちにとって行動直後に出てくる良い結果を強化するように制御することは,それ以外の制御よりもはるかに自然だからである。そのことは,私たちから見て不快な刺激を与え,それを減じるように仕向けることは,極端な場合たとえば,拷問道具でスパイを責めて自白させるような陰湿な制御になるからだ。

ところで，これら4つのタイプのうち，最も注目すべきタイプは，スキナーが称揚した「(1) 好子出現の強化」である。これは，行動直後の結果が同一の行動を繰り返す上での「原因＝動機」となり得るものである。実は，行動科学としての行動分析学においては，スキナーよろしく，「(1) 好子出現の強化」だけがクローズアップされるが，一旦，ヒューム的因果律論の立場から行動科学が成立する以前の，行動の初発（1回目の行動）に特化した推論形式の立場から捉えると，それは，根本的に変更せざるを得ない（なお，行動科学と行動科学が成立する以前の推論形式の立場を区別することをその都度言及するのは煩雑であることから以下，「行動科学の立場」と「推論形式の立場」と略記することにしたい）。

では具体的にどのように変更されるのかというと，それは，4つのタイプを行動の直後の結果から見て2つに分類し直すのである。つまり，行動が繰り返されるケースと，行動が繰り返されなくなるケースの2つに分けるのだ。前者を「ケース1」，後者を「ケース2」とラベリングしたい。

まず，「ケース1」は，(1) 好子出現の強化（行動の直後に好子が出現する場合）と，(2) 嫌子消失の強化（行動の直後に嫌子が消失する場合）となる。

次に，「ケース2」は，(3) 嫌子出現の弱化（行動の直後に嫌子が出現する場合）と，(4) 好子消失の弱化（行動の直後に好子が消失する場合）となる。

繰り返し確認すると，この2つの区別はいまだ行動科学の立場からのものとなる。では次に，この区別を推論形式の立場から変更すると次のようになる。なお，この変更にあたって，前述した「B：A→C　∴B」，すなわち「現状（A）は〜であるが，行動（B）を起こせば，結果（C）になる。だからBをする。」を推論形式の立場

から用いることにする。

まず,「ケース1」は次のようになる。

(1)「行動 (B) を起こせば,『良い』結果 (C) が『出てくる。』だから行動 (B) する。」
(2)「行動 (B) を起こせば,『悪い』結果 (C) が『なくなる』。だから行動 (B) する。」

次に,「ケース2」は次のようになる。

(3)「行動 (B) を起こせば,『悪い』結果 (C) が『出てくる。』だから行動 (B) しない。」
(4)「行動 (B) を起こせば,『良い』結果 (C) が『なくなる。』だから行動 (B) しない。」

スキナーのように行動科学の立場から見ると, (1) 好子出現の強化が最も健全で妥当な制御方法であることは明白であるが, 推論形式の立場から見ると, 行動直後の結果が行動の動機となる (1) と (2) も, 行動直後の結果が行動の動機とならない (3) と (4) も同等の意味を帯びるのだ。行動科学の立場と推論形式の立場との違いは大きいといえる。

究極的には, いま述べた「ケース1」と「ケース2」は, 次の2つに集約される。

ケース1:「行動 (B) を起こせば, 良い結果となる。だから行動 (B) を起こす。」
ケース2:「行動 (B) を起こせば, 悪い結果となる。だから行動

（B）を起こさない。」

　この時点で確認すべきことは，「ケース1」が行動を起こす原因（動機）となるのに対し，「ケース2」は行動を起こさない原因（動機）となる。両者ではまったく正反対の結果となるということだ。この点は因果律について考えていく上で最重要な事柄である。なお，「ケース1」でいうと，「良い結果が出てくる」ことと，「悪い結果がなくなる」こととの微妙な違い，「ケース2」でいうと，「悪い結果が出てくる」ことと，「良い結果がなくなる」こととの微妙な違い，については後で取り上げることにしたい。あらかじめ述べると，この差異は重要であり，両者は各々，同一とはいえない。当面は，この2つの推論で論を展開していく。

3．正しい推論形式としての因果律方程式
——二重因果律と変化

　以上述べてきた推論形式の立場からの因果命題を踏まえた上で，次に，基本となる「ケース1」を中心に，正しい推論形式としての因果律方程式について述べていくことにする。
　あらためて，「ケース1」を厳密な推論形式で表現すると，次のようになる。

　〈現状はAであるが（Aのとき），行動Bによって（Bをしたら）現状Aを結果Cへと変化させる（Cとなる）。〉

　この推論形式の意味するところは，〈現状はAであるが，行動Bが「原因」で現状Aが結果Cへと変化するという「結果」が生じる。

だから行動Bを起こす〉，となる。よくよく考えると，この推論形式自体，二重の因果律，すなわち「B→（A→C）&A→B」であることがわかる。ここで重要なのは，「B→（A→C）」である。この推論の中には，「A→C」（AがCへと変化する）といった「変化」が含まれている。この「変化」は，行動の動機・理由となるものである。つまり「変化」は，環境の「変化」およびそれを通しての自己の「変化」となり，結果的に自己の「変化」をともなうことから，二重因果律となる正しい因果律にあっては，原因が動機・理由へと転回・反転することがわかる。

ところで，一般の因果律方程式（形式）は，「AだからBをする」，すなわち「A→B」と示される。そしてそれは，ＡＢＣ分析から抽出した二重因果律から成る推論と同一の形式となる。ところが実は，一般の因果方程式，「A→B」は，二重因果律から成る推論，「B→（A→C）」&「A→B」から「B→（A→C）」が欠落したものなのである。ここで注意すべきなのは，「A→B」は，ＡＢＣ分析から抽出した推論を省略したものと解するならば正しい，ということである。

しかしながら，この「AだからBをする」を一般の因果律方程式であると捉えると，誤認識となる。それは，正しくない原因論にすぎないのだ。この場合，現状Aと行動Bには「だから」で直結できる因果律は実在しない。

もしここで，妥当性を吟味したいならば，「AだからBをする」という形で説明される行動Bが，「BをすればAでなくなる」ということが成り立ちさえすれば良いことになる。あらかじめ述べると，そのことが成り立つか否かが，一般の因果律方程式とＡＢＣ分析から抽出した推論（二重因果律から成る推論）との分水嶺であり，その見分け方となるのだ。つまり，「AだからBをする」→「Bをす

Ⅵ　行動分析学から抽出する「行動の正しい推論形式としての因果律」

> 「AだからBをする」　　（基本形式）
> 「AだからBを起こす」
> 「AだからBになる」
> 　　……
> 　　……

れば（AはCへと変化するため，）Aでなくなる」という推論において，「原因（A）」と「行動（B）」の中に，何らかの言葉を代入してみる。

　たとえば，「空腹（A）だから食べる（B）」→「食べれば（B）空腹でなくなる（not-A）」の場合，これは成立するがゆえに，ＡＢＣ分析から抽出した推論であることがわかる。また，「道徳心がない（A）から事件を起こす（B）」はどうであろうか。これは，「事件を起こせば（B）道徳心が備わる（A）」となり，成り立たないことがわかる。この場合の「道徳心」はすでに指摘したように，「心の中の言葉」，すなわち医学モデルである。

　ところで，ＡＢＣ分析から抽出した推論（二重因果律）の場合，その省略形としての「A→B」では，推論そのものの意味がよくわからない場合が出てくる。

　たとえば，筆者が日常生活の中で制作した次の因果律，「金魚の動きが悪いからテレビを切る」について考えてみる。この因果律を見ても，「テレビを切る」ということの「原因」がどうして「金魚の動きが悪い」と結びつくのかがまったくわからない。どのように考えても「金魚」と「テレビ」とは結びつかない。この，「原因」-「結果」のあいだに因果連鎖を挿入していっても，両者の空間的な距離（「接近」）が狭まることは考えにくい。

　では，前述したやり方のように，正しくない因果律と区別するた

めに,「AだからBをする」→「BをすればAでなくなる」という推論を行ってみる。すると,「テレビを切れば,金魚の動きが良くなる」となり,「テレビ」と「金魚」とのあいだには何らかの関係があることが推測される。ここで推測できることとは何か。

水槽とテレビは同じ部屋にある。ところが,金魚の動きが良くないのは一目瞭然である。水槽のある部屋に入ると,私は違和感を覚えた。そこでこの違和感の正体を知るために,テレビを切ったところ,水槽の置いてある部屋が静かになった。その部屋が静かになると,水槽の音がよく聞こえるようになった。その結果,水槽の音がいつもよりも静かに感じた（音がほとんどしなかった）。私はそう感じて水槽を調べると,水流器が動いていないことがわかった。そこで私はその機器を調整（修理）したところ,金魚の動きがいつものように活発になった。

ここで「B→（A→C）」の中で「B」は「テレビを消すこと」であり,「A→C」という「変化」は,「部屋が静かになり,水槽の音が聞こえるようになった」に相当する。つまり,テレビを消した行動（B）が,水槽の音が聞こえない状態（A）からよく聞こえる状態（C）へと変化させたのである。こうした変化を省略した場合,それは,「金魚の動きが悪いからテレビを切る」という正しくない因果律方程式と同じになるのだ。

見方を換えれば,正しくない因果律方程式は,二重因果律から成る推論から「変化」を欠落させた不完全なものだと考えられる。

では次に,心の問題にかかわる事例について例示していきたい。

たとえば,ある女性が自ら「私は赤面症だから好きな男性に告白できない」について考えてみる。ここで注意すべきなのは,因果律については,「私が赤面症もしくはうつ病である」という場合と,たとえばセラピスト（という他者）が「彼女が赤面症である」と診

断する場合とでは，原因そのものの捉え方がまったく異なるということである。前述したように，医学モデルに該当するのは，「彼または彼女が赤面症である」という場合であって，当の本人が「私が赤面症である」という場合は医学モデルとはならない。自ら「私が赤面症である」ことを「原因」だとするのは，「疾病利得」という自己利益，ひいては目的論につながることからこの点はかなり重要な事柄だと考えられる。つまり，この女性は「自称・赤面症」なのである。

　この因果律の場合,「好きな男性に告白できない」ということの「原因」がどうして「女性が赤面症」であることと結びつくのかがわかるようでわからない（釈然としない）。確かに，女性が赤面症であるため，好きな男性の前で告白することは困難であることは推測できるが，赤面症が告白できないことの「原因」だとすれば，何か物足りなさを感じるのではなかろうか。

　実際のところはこうである。女性が赤面症であることを自分が好きな男性に告白できないことの「原因」にしているのは，事実の一部であるにしても，本当のところは，好きな男性に告白してみて，万が一断られるならば，彼女自身傷つくことは間違いない。正確には，彼女は好きな男性に告白して断られるくらいなら，告白せずにいまの状況を続ける方が彼女自身にとってましであり，ひいては自分が傷つくことから身を守ることができるのである。告白してうまくいけばこの上ないことであるが，うまくいかないことを考えるならば――実際，確率的にも両想いのケースはかなり少ない――，告白しない（できない）という現状を維持する方が良いわけだ。いわゆる片思いということで好きな男性と安定した関係を保つことができる。したがって，彼女が赤面症であることを「原因」に，好きな男性に告白しないのは，自分自身の心，ひいては自分自身を守るた

めであると考えられる。ただし，ここでいう自分自身（の心）を守るというのは，精神分析でいう自我の防衛機制という観念的な意味ではなく，ごく日常的な意味である。端的にいうと，この女性は自分自身（の心）を守るという目的のために，あるいは少なくとも，自分（の心）が傷つかないようにするという目的のために，赤面症という病気を利用しているのだ。疾病利得といわれる所以である。一般に，心の症状や病気は自分自身（の心）を守るという目的のために利用されることが少なくない。ところが，そのことを当の本人が意識していないことが常態なのである。

ここで「B→（A→C）」の中で「B」は「好きな男性に告白しない」ことであり，「A→C」という「変化」は，「好きな男性に告白することを避けることでふられること，そのことで自分自身の心が傷つくことを回避することができる」に相当する。つまり，「好きな男性に告白しないという行動（B）が，好きな男性にふられる（ふられる可能性がある）状態（A）からふられない（ふられる可能性がない）状態（C）へと変化させたのだ。こうした変化を省略した場合，それは，ある女性が「赤面症なので好きな男性に告白しない」という正しくない因果律方程式と同じになる。

前述したように，一般の因果律方程式は，二重の因果律から成る推論から「変化」を欠落させた不完全なもの，もしくは，「変化」がないという点で意味の希薄なものだと考えられる。つまり，二重の因果律から成る推論，すなわちＡＢＣ分析から抽出した推論は，正しい説明方法としての因果律，端的には「変化」を含む真正の因果律であることになる。繰り返し強調すると，この推論が正しくない因果律方程式と決定的に異なるのは，「B→（A→C）」で示されるように，「B」という行動が「AからCへの変化」をもたらしている点である。

Ⅵ　行動分析学から抽出する「行動の正しい推論形式としての因果律」　109

　以上のことから，応用行動分析学の「いまはAであるが，Bをすれば，Cのようになる」というＡＢＣ分析は，一般の，変化をともなわない原因論を凌駕した正しい推論形式としての因果律であることが明らかになった。行動分析学（応用行動分析学）にはこうした黄金律が含まれていたわけであるが，それが高度な行動科学へと昇格した途端，その重要性は忘れられてしまうか，薄められてしまうかのいずれかとなる。誤解を恐れずにいうと，心理学や心理療法において，二重因果律方程式以外に重要な知見はないと考えられる。この1つの行動原理を知悉すると，私たちにとって心理学や心理療法の数々の知見は色褪せて見えてしまう。個人的には，心理学や心理療法は一切不要である。この行動原理だけで私たちの心のすべてを分析することができるのではなかろうか。筆者は二重因果律方程式をもって心理学および心理療法，ましてや精神分析の終焉を宣言することにした。

「正しい推論形式としての因果律方程式」の基準とその活用

1. 因果律検証テスト
—— 一般の因果律／正しい推論形式としての因果律の区別基準

　これまで述べてきたように，私たちは，日常の些細な事柄（「自転車が動かない」，「リモコンでテレビがつかない」など）から深刻な心の問題（「対人関係がうまくいかない」，「何もうまくいかない」など）に至るまでさまざまな不全もしくは不確定な状況に遭遇して「どうして」とか「なぜなのか」と問い，それに対し因果律を制作することにより「……だから～である」と考えるわけであるが，その都度制作した因果律が果たして正しいものかどうかについて判断するためにはどうすれば良いのであろうか。言い換えると，日本語としては通じるので，一見，正しいように見えて実は正しいとはいえない因果律と，思考に基づいて制作された，正しい推論形式としての因果律を区別することができるならば，私たちはこれから正しい因果律を制作することができるようになる。その意味でも，正しくない因果律／正しい因果律を見分ける基準について次に考えていくことにしたい。こうした課題とは，私たちが思考したことを正しい日本語，ひいては命題（因果命題）として明晰に表現するという意味で，一種の「思考指導」と呼ぶことができるのである。

　正しくない因果律／正しい因果律を見分ける方法として3つの基準が考えられる。なお，これから述べていく3つの基準は，基準の

Ⅶ 「正しい推論形式としての因果律方程式」の基準とその活用　111

ゆるいものから厳しいものへという順序となっている（なお、これらの基準についてはすでにⅥ-3で述べたが、ここではその基準の適用方法について詳述する）。

　まず、「裏命題」という基準である。具体的な操作でいうと、一般の因果命題、「AだからBをする」を「AでなければBでない」へと変形することが裏命題に相当する［中村隆文、2016：165-166］。例示すると、一般の因果命題、「暗いので電気をつける」の裏命題は、「暗くないので電気をつけない」となり、基準はクリアしたことになる。よってこの因果命題は正しいと判断される。

　ところが、この「裏命題」をクリアしたとしても、これだけではまだ、人間の行動に照らした説明にはなり得ていない。要は、この基準がゆるすぎるために、これだけでは命題の正しさを確証することはできないのだ。勿論、日常会話で使う日本語としては十分通じているが、何度も繰り返し強調したように、日常通じている会話が思考内容を正確に表しているかどうかは不明なのである。

　次に、前述した、正しい推論形式としての因果律方程式に含まれる「変化」に着目した「BをすればAでなくなる」という基準が考えられる。ではなぜ、この基準が妥当なのかといえば、正しい因果律よろしく、行動（B）をすることで、AがCへと変化するわけだが、このときのAに焦点化した場合、最低限わかることは、行動（B）は現状Aそのものを変える、もっというと、Aではないもの（not-A）へと変えるということである。つまり、行動を起こすことは現状を変える、すなわち現状そのものをそうでないものにするのだ。だからこそ、「AだからBをする」という因果律は、「BをすればAでなくなる」という基準で判定することができるわけである。

　前の例で示すと、「暗いので電気をつける」という因果律は、「電気をつけると暗くなくなる」となり、基準はクリアしたことになる。

この基準は前の裏命題（という基準）とは異なり，行動による現状の変化もしくは否定をともなうことからかなり厳しい判定基準ということになる。とはいえ，元の因果命題を操作・変形した「電気をつけると暗くなくなる」という推論を見る限り，私たちにとってはわかりずらいものとなる。つまり私たちが日常頻繁に用いている（発話している），「暗いから電気をつける」は，どうやら思考の核心をついたものではなさそうである。たとえば，部屋や教室が「暗い」から「電気のスイッチをオフからオンにする」ことではなさそうなのだ。少なくとも，これは行動の原因・動機を表したものではない。「電気をつけると暗くなくなる」が意味しているところは，部屋や教室の暗い状態を明るい状態に変えたいことにこそある。この点は重要である。日常会話レベルでは，「電気をつけると暗くなくなる」も「電気をつけると明るくなる」も同じ1つの事柄で扱われてしまうように思われるが，単なる表現を超えた本質的なレベルにおいて両者は決定的に異なっている。「電気をつけると明るくなる」という因果律は，私たちが思考したことを的確に表現したものなのだ。これに対し，「電気をつけると暗くなくなる」の方は，私たちが何となく直感したことを曖昧な形で表したものにすぎない。本書の内容からは逸脱することになるが，私たちが文章を綴るとき，核心をついた文章を制作する場合とそうでない場合の差異は，思考内容を的確に表したものとそうでないことに還元できるのではなかろうか。

　繰り返すと，「いま（現状）は暗い状態である」が，「電気をつければ明るい状態になる」，「だから電気をつける」というように，因果命題「電気をつけると暗くなくなる」は，〈暗い〉→〈明るい〉という〈変化〉を含んでいるのだ。

　最後の基準となるのは，正しい推論形式としての因果律方程式で

ある．〈現状はAであるが（Aのとき），行動Bによって（Bをしたら）現状Aを結果Cへと変化させる（Cとなる）。〉である。因果律についての最終的な区別は，この因果方程式に照らす以外に方法はない。それならば，最初からこの方程式に準じて正しくない因果律か，正しい因果律かを区別すれば良いのではないか。こうした反論は正しい。ただ実際のところ，正しい因果律は決して多くない。そうした中で，まずは，会話文として通用している，一見正しく見える因果律（因果命題）が実は正しくないものであることを見分けることが肝心ではなかろうか。そういう意味では，基準のゆるい裏命題や基準の厳しいこの因果律方程式ではなく，「BをすればAでなくなる」という両者の中間に位置する基準が実質的に役に立つことがわかる。というのも，初めから変化をともなわない因果律（因果命題）は，因果律としては偽物だからである。

　そして，「BをすればAでなくなる」を適用しても意味がわからない因果律こそ，実は正しい因果律である可能性が高い。そうであるがゆえに，検討すべき因果律を最終手段である正しい推論形式としての因果律方程式に照らして正しいものかどうかを判断すれば良いのである。前述したように，たとえ因果律（因果命題）の中には正しい推論形式としての因果律があったとしても，会話やコミュニケーションの効率からその省略形で表される場合が少なくない。だからこそ，そのときは最終判定基準である因果律方程式に照らして判定することが不可欠になるのである。

2．行動随伴性に基づく2つの因果律方程式
——行動をする／しないの分水嶺

　本章の1で述べたように，ここまで行動随伴性の2つのタイプのうち，スキナーが重視した「ケース1」に沿って正しい推論形式としての因果律方程式について述べてきた。再度，行動随伴性の2つのタイプを示すと，次の通りである。

　ケース1：「行動（B）を起こせば，良い結果となる。だから行動
　　　　　　（B）を起こす。」
　ケース2：「行動（B）を起こせば，悪い結果となる。だから行動
　　　　　　（B）を起こさない。」

　本書は，ヒュームの主観的因果律論に立ち返り一から因果律を考え直すという意図からここでいう「行動随伴性」もまた，いわゆる行動科学（行動分析学）でいうそれとはまったく異なるものである。そのことを前提に，「ケース1」，「ケース2」と，正しい推論形式としての因果律方程式の簡略化したものとを関係づけると，次のようになる。

　　　　　〈行動BによってAをCへと変化させる。〉
　　　　　　　　　　　　　↓
　ケース1：「行動（B）を起こせば，良い結果となる。だから行動
　　　　　　（B）を起こす。」
　ケース2：「行動（B）を起こせば，悪い結果となる。だから行動
　　　　　　（B）を起こさない。」

Ⅶ 「正しい推論形式としての因果律方程式」の基準とその活用　115

これをまとめると，次のようになる。

ケース1：「行動（B）を行えば，(a) となる。だから，行動（B）を行う。」
ケース2：「行動（B）を行えば，(ß) となる。だから，行動（B）を行わない。」

この「ケース1」の (a)，「ケース2」の (ß) には各々，当人にとって行動の結果生じてくるさまざまな事態が挿入されることになる。重要なことは，(a) に入る事柄が行動（B）を起こす理由や動機となるのに対し，(ß) に入る事柄が行動（B）を起こさない理由や動機となる，ということである。そして，私たちがさまざまな個々の行動を起こすか起こさないかは，「ケース1」と「ケース2」との力関係で決定されてくることになる。私たちは誰しも，ある行動（B）を起こすとき，あるいは起こさないとき，行動（B）を行えばどうなるのか，しかも行動することになるポジティブな理由や動機について考えるとともに，行動しないことになるネガティブな理由や動機についても考えているわけである。したがって，「ケース1」の「行動（B）」を行うポジティブな理由や動機が (a) に挿入され，「ケース2」の「行動（B）」を行うネガティブな理由や動機が (ß) に挿入されることになる。ある行動（B）を行う場合は，必ずポジティブな理由や動機 (a) がネガティブな理由や動機 (ß) を上回っているはずであるし，反対に，ある行動（B）を行わない場合は，必ずネガティブな理由や動機 (ß) がポジティブな理由や動機を上回っているはずである。

　繰り返し強調すると，最終的にある人が行動（B）を行うときは，$a > ß$ という公式が，反対に，ある人が行動（B）を行わないときは，

ß＞αという公式が，各々，成り立っていることになる。

さらに留意すべきことは，「ケース1」と「ケース2」を区別した際に無視してきた事柄，すなわち行動分析学でいう行動随伴性についての4つのタイプおよび各々についての微細な差異である。要点をまとめると，次のようになる。

行動（B）を行う場合，「行動（B）を行えば，『良い』結果（C）が出てくる」ケースと，「行動（B）を行えば，『悪い』結果（C）が出てくる」ケースの2通りがある。それとまったく同様に，行動（B）を行わない場合，「行動（B）を行えば，『悪い』結果（C）が出てくる」ケースと，「行動（B）を行えば，『良い』結果（C）が出てくる」ケースの2通りがある。

要するに，「ケース1」について行動（B）を行うポジティブな理由や動機（α）としては，「良い」結果が出てくるものと，「悪い」結果がなくなるものという2つのαがあり，「ケース2」について行動（B）を行うネガティブな理由や動機（ß）としては，「悪い」結果が出てくるものと，「良い」結果がなくなるものという2つのßがある，ということである。煩雑さを避けるために，前者のポジティブな理由や動機（α）に関する2つのケースを各々，「α－1」「α－2」と表記し，後者のネガティブな理由や動機（ß）に関する2つのケースを各々，「ß－1」，「ß－2」と表記することにしたい。ただ，これらの中で当事者にとって強い理由や動機となり得るのは，行う理由や動機ではα－1であり，行わない理由や動機ではß－1であることはいうまでもない。

したがって，以上述べたことを前の定式化に反映させると，次のようになる。

ケース1：「行動（B）を行えば，（α－1）となる。だから，行動

　　　　（B）を行う。」
　　　「行動動（B）を行えば，（a-2）となる。だから，行動
　　　　（B）を行う。」
　ケース２：「行動（B）を行えば，（ß-1）となる。だから，行動
　　　　（B）を行わない。」
　　　「行動（B）を行えば，（ß-2）となる。だから，行動
　　　　（B）を行わない。」

　以上で正しい推論形式としての因果律についての理論構築は完了した。問題は，これまで構築してきた因果律をどのように用いるかである。そもそも知識や技術というものは，私たちの頭の中に貯め込む（インプットする）ためにあるのではなく，それらを用いて何かを行うためにこそ存在する。それは，アメリカの日常思考の中に根づいているプラグマティズムではなく，それよりももっと始原的な事柄なのである。つまり，私たちのはるか祖先がそうであったように，生存（生き残えること）と子孫を残すという目的のために知識や技術は駆使されてきたのだ。誰にも利用されない知識や技術は皆無だといえる。

　こうした因果律（因果命題）もまた，例外ではない。むしろ，私たちにとってのっぴきならない不全もしくは不確定な状況において因果律（因果命題）は有効に活用されてきた。恐らく，因果律という思考法なしに，人類はこれほど長く生き残えることはできなかったと思われる。ひいては，「心」がなぜ必要なのかという質問に対する答えとなる。

　いま示したものは，正しい推論形式としての因果律方程式の活用版（活用マニュアル）といえるものである。次に，この活用マニュアルを活かす方法について述べることにしたい。

3．加害当事者の行動分析

　ところで，アドラー心理学が示した，原因論批判および目的論の提起において意外と見失われている重要な知見がある。その知見とは，カウンセラー・セラピストがクライエントの「原因」，特に心因を追求することと，クライエント当事者が自らの選択・決定，総じてその人なりの目的を追求することとのずれや齟齬についてである。つまり，カウンセラー・セラピストは専ら，クライエントの心の症状や病気の「原因」を外側から「説明」しようとする。ところが，こうしてあれこれ考えられた「説明」は，クライエント自身からすると，自分について関連のあるものであっても，関係のあるものではない。皮肉なことに，その「説明」が精神分析のように，複雑で難解な専門用語になればなるほど，クライエントその人からより一層遠くなり，「説明」の度合いが大きくなる。最後は，「説明」としての専門用語は精神分析家やセラピストのために持ち出されたのではないのかと見紛うほどのものとなる。精神分析の専門用語についてはさておき，とにもかくにも，カウンセラー・セラピストの「説明」は，クライエント自身にとって関連はあっても何ら関係のない空疎なものにすぎない。そのことをどれほどのカウンセラー・セラピストが心得ていることか，はなはだ疑問である。ただ，クライエントの側にも問題がある。というのも，クライエント自身も多くの場合，カウンセラー・セラピストと同じ立場に立って自らの症状や病気を的確に「説明」できる言葉や概念を求めているからである。その意味では，クライエントもまた，自己決定性を持つ者というよりもセラピー語法者なのだ。今日の高度情報社会ではクライエント自らがインターネットを介して自分の症状や病気を解明することができることからより一層，クライエントを原因論者へと仕立て

ていると考えられる。

　以上述べたように，カウンセラー・セラピストは，さまざまな言葉や概念を駆使してクライエントの心の病気や原因（心因）を「説明」する専門家であった。ところが，こうした「説明」は，クライエントその人にとって関係のないものにすぎない。裏を返せば，こうした「説明」に終始する限り，クライエント自身の心の問題は何もわからないままであるし，解決策は見つからないだろう。ではどうすればよいのか。その手立ては，クライエント自身が，これまで述べてきた「正しい推論形式としての因果律」（B：A→C　∴B）という思考法を習得した上で，これを用いて実際に行動分析を行うことである。

　何をさしおいても，〈心に悩みのある人〉や〈問題行動のある人〉などの当事者（クライエント自身）が特定の行動（問題行動）について自己分析を行うことが不可欠なのである。こうした方法こそ，カウンセラー・セラピストによる「説明」から自由になる唯一の方途なのである。

(1) 近隣トラブル問題の行動分析

　ところで実際，犯罪加害者がその人なりの行動分析学を用いて自己分析，ひいては加害者の犯罪動機・理由についての分析を行ったケースがある。実は本書は，こうしたケースがあることを前提に，ここまで論を進めてきた。ヒュームの因果律をベースに，行動分析学から「正しい推論形式としての因果律方程式」を取り出したことはそのことと直接関係はないが，最終的な結論において当の加害者の捉え方と一致していることが少なくない。

　独自の行動分析学の知見によって自らの犯罪動機・理由を分析するとともに，その分析から犯罪防止のあり方まで披瀝した，当の犯

罪加害者とは，2008年秋葉原で無差別大量殺傷事件を犯した罪により死刑判決を受けた加藤智大である。加藤は，著書『殺人予防』[加藤智大，2014]の中で，小野浩一の行動分析学に学ぶとともに，それを手引きとして用いながら，自らの犯罪動機・理由を精緻に分析している。こうした分析の一環として加藤は，著書の冒頭で有識者（特に，テレビで評論活動を精力的に行う新進気鋭の――実は防衛機制をはじめ精神分析の知を盲信し，それと脳科学の知見をタイアップさせつつ加害者の心理分析を「説明」し尽くすことを欲望する――，精神科医・片山珠枝が用いる考え方（因果律），すなわち「……だから事件を起こす。」は誤りであって，「事件を起こせば……」という考え方が正しいことを指摘する。「事件を起こせば……」という考え方は，加藤自身もあとがきで示唆しているように，行動分析学のＡＢＣ分析に対応している。加藤は，ＡＢＣ分析に基づきながら――その概念こそ使用していないが――，著書を通して自らの犯罪動機・理由を的確に分析し，淡々と論述している。

その結論は次の通りである。加藤は，インターネット上の掲示板でのなりすましを威嚇するために，犯罪予告に見える書き込みを行ったが，この"犯罪行為"に対し警察が見せしめ的に厳罰を科してくるのではないかとパニックに陥った。この場合の懲罰を彼は自ら「懲役3年」と判断し，もしも逮捕されたならば3年もの長いあいだ，刑務所で大変な生活を過ごすことになることを想像した。すべては彼自身の妄想以外の何ものでもないわけであるが，とにもかくにも，彼はそう思い込んでしまった。

そこで加藤が考えたことは，「このままだと懲役だが事件を起こせば懲役に行かなくてもよくなる」ということである。この場合の「懲役に行かなくてもよくなる事件」とは，死刑になるほどの大事件のことを指す。それがあの無差別殺人だったのである。つまり

彼は,「懲役３年を死刑で『上書き』すること」[加藤智大, 2014：193] にしたのだ。ごく普通の人間ならば,懲役３年（彼がいうところの,３年間に及ぶ大変な刑務所での暮らし）と死刑（彼がいうところの,短期間で比較的自由な拘置所での暮らし）は,天秤にかけるまでもない事柄のはずである（たとえ刑務所での３年間の暮らしがどれだけ大変であろうとも,死刑になるよりははるかにましと考える方が普通であろう）。にもかかわらず,彼は刑務所での暮らしをあれこれ夢想して死刑になる方を選択した。これが彼自身の殺人動機・理由,すなわち本当の原因なのであった。

　加藤の考え方を応用行動分析学のＡＢＣ分析で述べると,次のようになる。

　「現状（Ａ）は懲役３年であるが,行動（Ｂ）,すなわち無差別殺人を起こせば,結果（Ｃ）は死刑となり,大変な刑務所生活を回避することができる」,と。

　突拍子もない動機でありながらも,彼としては無差別事件を起こせば,「懲役３年・刑務所生活あり」が「死刑・刑務所生活なし」へと「変化」する,と考えた。刑務所生活の「ある」から「ない」への「変化（Ａ→Ｃ）」が,加害者である彼自身の殺人動機なのだ。彼からすると,動機なき殺人はないという。殺人には常に明確な動機・理由,すなわち究極の原因があるというのだ。

　これに対し,精神分析家や評論家が語る殺人の動機・理由は,ことごとく「……だから事件を起こす。」という一般の因果律,すなわち間違った原因論に呪縛されている。片岡をはじめ有識者たちは,さまざまな心の病気や原因,さらには加害者自身の生い立ちや幼少期・青少年期における家族関係（特に,母親との関係）によってこの想定外の無差別大量殺人を「説明」しようとする。この「説明」に向けて犯罪心理学や犯罪社会学などの知見が動員されるの

だ。こうした「説明」そのものがあたかも社会秩序の回復をもたらすかのように、メディアを通じて語られるのだ。ところが、加害者本人が綴った著書を読む限り、さまざまな心や事件の専門家が繰り出す「説明」や「物語」は、加害者本人の殺人の動機・理由とは根本的にずれている。あるいは、加害者本人にとってまったく無関係な「説明」や「物語」が繰り出されるといっても過言ではないのだ。彼が社会に向けて問題提起しているのは、殺人予防を行うためには、有識者たちが原因論に基づいて自分勝手な動機・理由や原因を垂れ流すのではなく――心理臨床学会で試みられた「ブラインド・アナリシス」（1つの症例をロ・テストなどのデータを用いつつ、3名の心の専門家が分析し病因を言い当てるという企画）の失敗とオーバーラップされてくるが――、殺人をするに至った当事者（加害者）の殺人の動機・理由や目的を的確な心理学理論（この場合は行動分析学）に基づいて分析せよ、ということなのである。

また、加藤は著書の中で、殺人防止という文脈において近隣のピアノ騒音問題や自殺問題に言及している（自殺は自分自身に向けられた殺人だと解釈することができる）。次に、それを敷衍しながら紹介することにしたい。

例示された問題は、「隣家で子どもが母親にピアノの練習をさせられているという現状を聞こえないという結果へと変化させる手段にはどのような行動があるのか」というものである。これは、AからCへと「変化」させるための行動（B）としてどのようなものがあるかについて問うたものである。つまり、子どもが弾くピアノの音が聞こえるという状態を聞こえないという状態にするという目的を達成するためには、どのような手段があるかということである。

順次、箇条書きをすると、次のようになる。

Ⅶ 「正しい推論形式としての因果律方程式」の基準とその活用 123

- 耳を塞ぐ
- 耳栓をする
- 大きな音の出るお菓子を食べる
- ヘッドホンで音楽を聴く
- テレビの音量を聞く
- 防音窓にする
- 寝る
- 家を出る
- 自殺する
- 「静かにして」とお願いをする
- ピアノがうるさいと書いた紙を郵便受けに入れる
- 「うるさい！」と怒鳴りつける
- 家の境界に防音壁を立てる
- 警察を呼ぶ
- 訴訟を起こす
- 自分もピアノを購入して同じ時間に練習する（他人のふりを見てわが身を糺す）
- 「騒音反対！」と拡声器で抗議する（相手の引っ越しを期待する）
- 干した布団を一日中叩いて嫌がらせをする
- 「ピアノをやめないと殺す」と脅す
- 隣家の玄関に殺した猫を置いておく（無言のプレッシャー）
- 子どもを拉致する
- ピアノを破壊する
- 隣家に放火する
- 子どもの指を折る
- 母親を殺害する
- 子どもを殺害する

・母子を殺害する

　まず，手段としての，「耳を塞ぐ」から「家を出る」までは，当事者だけで解決することのできる手段であり，他人（隣人）に影響を与えないという意味で穏やかなものばかりである。例外は，「家を出る」の次にリストアップされた「自殺する」であり，当事者にとってはその行動結果の甚大さから過激な手段となる（もしかすると，ピアノ騒音が自殺の一因であることを知り，間接的な形で当の隣人や近隣の人たちにも影響を及ぼすかもしれない）。

　これに対し，「『静かにして』とお願いする」から「母子を殺害する」までは当事者が「変化」を起こすために，騒音を出している当の隣家の人たち（母子）に対し影響を及ぼす手段となっている。特に，隣人に影響を与えるリストは，前述した最初のリストと「自分もピアノを購入して同じ時間に練習する」という2つを除くと，尋常を逸した手段ばかりである。私たちはこれらを見て，まずあり得ないと一笑に付すことは容易であろう。ただその場合，度外視している重要な点は，これらの手段を選択する当事者がまさにそのときどのような状況に置かれているのかについて考えてはいない，もしくは無視しているということである。

　それでは，当事者がどのような状況に置かれているのかについて想定できることを挙げると，次のようになる。なお，この場合，当事者が置かれた状況だけが肝心なのであって，当事者がどのような者であるかは関係ない。「変化」をもたらす行動（手段）について考える場合，たとえば当事者が変質者，異常性愛者，ノイローゼ気味の人，重篤な精神疾患患者等々というように，当事者を普通の人から除外し切断してはならないのだ。というのも，ごく普通の人もまた置かれた状況によっては，前述したリストのように思いもかけ

ない手段（行動）を選択する可能性がある。ごく普通の人もまた，置かれた状況次第では自分自身に危害を加えたり（「自殺する」），他人に危害を加えたり（「他殺する」）することもあり得るのだ。普通／異常という属性・カテゴリーによってあらかじめ当事者を区別してしまうことは，問題行動や事件を起こした動機・理由の解明を阻んでしまうことになる。繰り返し述べると，私たちの誰もが置かれた状況によっては自他に向けての過激な行動を選択することが十分あり得るのだ。

　ところで，先程列挙した，A→Cとする手段であるが，実はこれらはすべて同じ価値を持った行動と見なすことができる。アドラー心理学では当事者がある場面や状況に直面したとき，自分自身にとって最善の行為となるものをギリシャ哲学の用語を用いて「善」と名づけたが，この場合の手段がこの「善」に相当する。繰り返し強調すると，「善」は当事者にとっては最善の行為となり得るが，道徳的な社会規範や法律からすると逸脱していることが少なくない。たとえば，この事例でいうと，「自殺する」，「『ピアノをやめないと殺す』と脅す」，「隣家の玄関に殺した猫を置いておく（無言のプレッシャー）」，「子どもを拉致する」，「ピアノを破壊する」はあり得ない手段であるし，それ以下の「隣家に放火する」は問題外である。ましてや，ピアノの騒音くらいで子どもや母親を殺害するに至っては論外であろう。

　ところが，この期に及んでもなお，これらの手段のいずれも，ピアノの音が聞こえるという状態から聞こえないという状態へと「変化」する上での選択肢の1つであるという考えを変えることはできない人が大半ではないだろうか。繰り返すと，そういう人たちは恐らく，A→Cという「変化」させる行動（B）を行う当事者その人が一体，どのような状態にあるのかについてわからない，それ以前

に考えることさえしないからである。

　では,光市の母子殺人事件のようなケースならばどうであろうか。真面目にごく普通の家族生活を営んでいた男性が少年によって自分の家族（妻子）を惨殺されたとき，その男性は加害少年を自ら殺害したいと面前の前（テレビ）で告白した。細かな経緯はさておき，こうしたごく普通の人であっても，思いもかけない不条理な状況に置かれたとき，人を殺したいという動機・理由が生まれてくるのである。こうした状況がなければ，他人を殺したいとは思わなかったであろう。私たちは誰しも，このような逼迫した状況に置かれない限り，自殺や殺人（他殺）を行いたいとは考えないのだ。

　ピアノ騒音の事例に戻ると，この騒音に悩まされる人が置かれた状況としては，次のものが考えられる（リストアップしたもの以外にも多々考えられる）。

- 夜勤の仕事で昼間は寝たいのにピアノで眠れない
- せっかく，寝かしつけた赤ちゃんが音で起きてまた泣き出す
- 試験前なのにうるさくて勉強に集中できない
- ピアノの音で幼少期に嫌でも親にやらされていたピアノの悪夢が甦る
- 自室にずうっとひきこもっている
- 家族との関係がうまくいかず，いつも落ち着かない（けんかがたえない）
- 隣家の人が嫌がらせをするためにわざとピアノ音（騒音）を立てている（と思い込んでいる）

　確認すると,隣家のピアノ騒音についてそれを受け取る当事者（＝受け手）が置かれた状況もさまざまである。それゆえ，その騒音が

聞こえるという状態から聞こえないという状態へと変えるための手段（行動）もさまざまなものとなる。極端なケースは，当事者が「隣家の人が嫌がらせをするためにわざとピアノ音（騒音）を立てている（と思い込んでいる）」という状況に置かれた場合（いわゆる被害妄想という病理状態）であり，こういう逼迫した状態にあるとき，被害者（当事者）は極端な手段（行動）を採る傾向にあることを予測することができる。実際，このような逼迫した状況に置かれた「被害者（当事者）」は，聞こえるという状態を聞こえないという状態へと「変化」させるために，母子3人を殺害した。1974年に起こった記憶に残るピアノ騒音殺人事件である。事実，この加害者はいまでも，拘置所の中で幻聴に悩まされているという（加害者が死刑囚ということで拘置所に収監されている）。

このように，B（変化を起こす行動）の当事者がどのような状況に置かれているかは千差万別であり，私たちの想像力を超えているケースが少なくない。私たちもまた，のっぴきならない状況に置かれたとき，何をしでかすかはまったくわからないのだ。このように考えない限り，世の中で起こっている奇怪な事件を理解することができないのだ。

くどくなるが，「AだからBをする」タイプの一般の因果律では「ピアノがうるさいから殺す（自殺する）」という因果律となるが，明らかにこれは間違っている。正しい推論形式としての因果律からすると——極端なケースで述べると——，これは，「ピアノがうるさいが殺せばうるさくなくなる。だから殺す」もしくは「ピアノがうるさいが死ねばうるさくなくなる。だから自殺する」ことになるのだ。つまり，「うるさいから静かにさせる」（他人を殺す＝殺人）もしくは「うるさいからうるささから逃れる」（自分を殺す＝自殺）といった行動を実際にするのである。

こう繰り返し述べてもまだ，自分だけは他人に危害を加えるような過激な行動（問題行動）をとらないと考えている人は少なくないと思われる。ところが，私たちが思いもかけない悲惨な状況に置かれたとき，どのような行動をとるか，自ら推測できるであろうか。こうした不確定な状況のときに初めて，私たちはA→Cという「変化」，すなわち「Aでない状況」もしくは現状（A）から回避する手段を真剣に考えるのである。「雪山で遭難したとき」，「船が転覆してボートに乗るとき」，「重篤なうつ症状のときにどうしてもある会合に出席しなければならないとき（学校を休めないとき）」等々である。

　ところで，話を戻すと，ピアノの騒音についていま述べたことはすべて，A→Cという「変化」をもたらす行動（B）のラインナップであることから，すべて行動を行う動機・理由となるものばかりであった。これらはすべて(a)に分類される。前述した(a1)(a2)(β1)(β2)の4つの動機・理由については次の異なる事例を用いて考えることにする。

(2) 自殺の行動分析

　次に，秋葉原無差別大量殺傷事件の加害者，加藤に沿ってもう1つの事例，「自殺する」を検討してみることにしたい。Aには大変辛いことがあったと仮定して，どうしてAは自殺しないのかについて「行う理由」と「行わない理由」の両面から考えてみたい。

　　　　自殺すれば　　　(a)　　　。だから自殺する。
　　　　自殺すれば　　　(β)　　　。だから自殺しない。

　まず，(a)に挿入されるものとして考えられるのは，次の通りである（ただし，個人によっては複数の理由が並存することがあり得

る）。次に，（a１）と（a２）の２つに分類した上で列挙する。

（a１）［良い結果が出てくる］
・償う（責任を取る）ことができる
・謝意（反省）をアピールできる
・保険金が支払われる
・辛い気持ちをわかってもらえる
・悲劇の主人公になることができる
・関係者を反省（改心）させられる
・問題を表面化させられる
・加害者（敵）に復讐できる

（a２）［悪い結果が出なくなる］
・失敗を責められずに済む［責任を回避できる］
・学校や会社に行かずに済む
・（家族がいる）家に帰らずに済む
・嫌な相手に会わずに済む
・身体（精神）疾患の苦痛から解放される（ただし，身体（精神）疾患からの解放という抽象的なものからの解放ではない）

まず，（ß）に挿入されるものとして考えられるのは，次の通りである（ただし，個人によっては複数の理由が並存することがあり得る）。次に，（ß１）と（ß２）の２つに分類した上で列挙する。

（ß１）［悪い結果が出てくる］
・家族や親戚，友人や知人が悲しむ
・関係者に迷惑がかかる

- 幼い子どもや要介護の親が困る
- ペットの世話をする人がいなくなる
- 恥ずかしい私物を人に見られる(絲山秋子『沖で待つ』では、同じ社員の男女が先に死んだ方がその当人のパソコンに記録されている恥ずかしい私物を他人に見られないように、パソコン自体を破壊する、という約束を行うのがこれにあたる)
- 「逃げた」と責められる
- 何か負けた気がする
- 加害者(敵)が喜ぶ
- 正式な埋葬をしてもらえない

(β2)[良い結果が出なくなる]
- やりかけの仕事が未完に終わる
- 将来の夢を実現できなくなる
- 貯金(財産)がもったいない(せっかく貯めた貯金や財産を使わずに死ぬのはもったいない)
- 好きなこと(もの)を楽しめなくなる

　いま、「自殺をする理由(α)/自殺をしない理由(β)」を4つに分類したが、(α)の理由としては(α1)＞(α2)、(β)の理由としては(β1)＞(β2)、すなわち(α)(β)ともに、前者($\alpha 1 / \beta 1$)の方が後者($\alpha 2 / \beta 2$)よりも各々の理由や動機としては強いと考えられる。勿論、個人差が多いため、この公式は成り立たない場合もあり得るが、通常、この公式をもってある行動についての理由・動機の強度を推測することができるのではないかと考えられる。
　こうした前提に立つとき、被害者の遺書が見つかっている過去のいじめ死事件の多くは、(α1)、特に「関係者を反省(改心)させ

られる」,「問題を表面化させられる」,「加害者（敵）に復讐できる」といった，本人の意識が強く反映された動機・理由に見出すことができる。本書を執筆している最中に起こった，中学２年生・葛川りまさんいじめ死事件（2016年８月）についても，彼女の遺書を読む限り，（a１），特に「加害者（敵）に復讐できる」という動機・理由の強度が強いと考えられる。というのも，彼女の遺書には「流石にもう耐えられません……（中略）……もう生きて行けそうにないです。いじめてきたやつら，自分でわかると思います。二度としないでください」と綴るとともに，そこには彼女を「いじめてきたやつら」６名の名前が記されていたからである。この遺書の言葉からすると，（a１）として想定される，「関係者を反省（改心）させられる」,「問題を表面化させられる」,「加害者（敵）に復讐できる」のうち，３つ目（最後）が自殺する理由になったことは明らかである。

ところが，私たちはこの「行わない理由」，すなわち「行わない理由」＞「行う理由」を忘れて，行動の結果として後から恣意的に評価されたり，理屈をつけられたりする。たとえば，後から，あの人は「意志の強い人だ」,「道徳心のある人」,「忍耐力のある人だ」,「人格者だ」等々，その人に何ら関係のない屁理屈がつけられる。これらはすべて，当の行動とは無関係な「心の言葉」である。

行動を思いとどまらせるのは，「行わない動機・理由」，すなわち現状が何らかの望ましくない結果（A→C）に変化することだけである。「行わない動機・理由」が不十分なとき，行動を起こす可能性が高い。日本人の場合，（β１）の１番目に挙げられた「家族がいること」（この場合は，親戚や友人や知人よりもまずは家族）が犯罪（問題行動）を起こさない理由になることが少なくないといわれている（犯罪抑止としての家族）。

社会通念からすると，自殺はさまざまな問題が連鎖的に積み重なった末の不幸な結末だと考えられているが，それは大きな間違いである。統計学によって自殺の危険因子を析出することはほとんど無意味である（自殺は疫学研究には馴染まない）。というのも，自殺は，ある目的を達成するための手段の1つにすぎないからだ。

　「AだからBをする」という間違った因果律の制作（考え方）は，「長期にわたるひきこもりによるうつ病の発症・慢性化」とか「この先は何も良いことはないという絶望」とかを現状Aに挿入して，それが「原因」で自殺するという行動Bが起きるのではないかというように，無駄な心配をすることになりかねない。「うつ病だから自殺する」は間違った因果律にすぎない。そもそも，そのような自殺は，人間の行動のメカニズムとしてはあり得ないのである。

4．思考指導という新しい支援方法——心理療法を超えて

　以上，加害者本人が行動分析学の知見を用いつつ，自らの加害（殺人）動機・理由を自己分析したケースを紹介してきた。こうしたケースはきわめて稀有であり，その真偽や効果を確かめることができないとはいえ，少なくともカウンセラー・セラピストがクライエントを外部から「説明」することよりもはるかに意味があることではなかろうか。そのように考えた場合，加害者に限らず，広くクライエントが自ら行動分析学の知見を習得した上で悩みの原因や問題行動の動機・理由について自己分析することが不可欠であると結論することができる。

　ただそれだけでは不十分であろう。アドラー心理学のいう意味での，クライエントの自己選択・決定性の延長上にあるこうした，行動分析学によるクライエントの自己分析に加えて，そうした自己分

析をサポートすることのできる支援者が必要である。こうした支援者はもはや従来のカウンセラー・セラピストや精神科医ではなく，正しい推論形式としての因果律でいうところの，行動した後での結果C（A→C）が社会的なレベルにおけるより良い方法を的確に思考指導（思考支援）できる者や，（たとえ，個人的「善」であっても社会道徳に反する）行動をしない動機・理由を思考指導（思考支援）できる者（その者が行わない動機・理由になり得る者であることも含めて）となる。こういう支援者のことをあえて手垢のついた「カウンセラー」または「セラピスト」といった言葉で呼ぶとしても，それはそれで良い。ただし，言葉のフラット性という特質からたとえば，「カウンセラー2.0」や「セラピスト2.0」と呼ぶのが適している。

　ところで，このように，2.0を付けた呼称の方が良いといえる別の理由は，次の通りである。かつてC.R.ロジャーズのクライエント中心療法が「共感的理解」と「感情の明確化」というきわめてシンプルな，非指示的なセラピーであることから，それはコンピューターで使用可能なソフトウェアへと移植されたことがある。そのソフトウェアは「イライザ」と呼ばれた。そして，これまで述べてきた文字通り，「クライエント中心（主体）」の心理療法は，「イライザ」よりも簡単にプログラム化することができるのではないかと考えられる。つまり，筆者の提唱する「クライエント中心（主体）」の心理療法は，容易に人工知能（ＡＩ）化し，実用化できると思われる。ただ，これがＡＩ化された場合，思考指導（思考支援）ソフトウェアとはなり得ても，思考指導者という人間ではないため，加害者にとってそうした人の存在が問題行動を行わない動機・理由とはなり得ないことはいうまでもない。

　ところが，本書を通して強調してきた正しい推論形式としての因

果律を知らない（その存在および存在意義を含めて）カウンセラー・セラピスト・精神科医のアセスメント・診断はまったく不要である，否それどころ，有害でさえある。というのも，こうした自称・心の専門家による過剰な「説明」は，クライエントを惑わし，混乱させるだけである。カウンセラー・セラピストがアセスメントと称してクライエントにさまざまな心理テストを課し，云々の結果が出たから原因（病因）は……である（たとえば，社会不安障害である）という具合に，恣意的に因果律を制作することは危険である（こうした原因と結果の結合は，テスターの「心＝意志」が生み出したものにすぎないのだ）。また，精神科医は精神科医で，DSMをもって即時的に──病因を度外視して──病気を診断し，症状を消すために，薬物療法（治療）を行うことは，クライエントにとって最も有害である。

情動の因果律

すでに，正しい推論形式としての因果律についてはⅥ章で詳述してきた。ところが実は，心が制作する因果律には例外がある。それは本章で取り上げる「情動の因果律」である。ここでいう「情動」とは，人類が共通に持つ本能としての原始的な感情の謂いである。したがって，この場合の情動は行動経済学の「システム１」，すなわち即時的，瞬時としての無意識システムに分類される（大脳辺縁系が司る機能に相当する）。

それでは，情動の因果律を解明するにあたって，従来，心理学で提唱されてきた主要な３つの学説をまとめ，情動の本質について論述しておきたい。

1．「泣くから悲しいのか」それとも「悲しいから泣くのか」
── ３つの心理学学説の再検討

ところで，大半の心理学の教科書には，「泣くから悲しいのか／悲しいから泣くのか」という問題が記載されている。簡単にいうと，「泣くから悲しい」と捉えるのがジェームズ＝ランゲ説，すなわち情動の末梢起源説であり，「悲しいから泣く」と捉えるのがキャノン＝バード説，すなわち情動の中枢起源説である。そして，これら２つの学説を統合したのがシャクター説，すなわち情動の２要因起

源説である。

次に、教科書的なレベルで各々の学説について概説することにしたい。なお、学説の概説にあたっては、最近刊行された『心理学』[鹿取廣人・杉本敏夫・鳥居修晃, 2015] を敷衍することにしたい（およそ、大学で教科書として使用するどの心理学テキストの記述水準に大きな差異は見られないがゆえに、比較的、最近のものを参照することにした）。

まず、ジェームズ＝ランゲ説（情動の末梢起源説）について概説する。

わかりやすくするために、情動体験が生成される過程を図10［同前：66］に沿って順に記述すると、次のようになる。

1. まず、感覚情報が感覚受容器を通して大脳皮質（脳）に入力される。

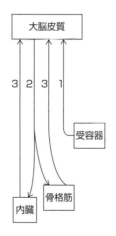

図10　情動の末梢起源説

2．次に，大脳皮質に入力されたその感覚情報が骨格筋や内臓（身体）に送られる。たとえば，「泣く」，「笑う」といった感覚情報である。
3．最後に，身体反応（「泣く」，「笑う」）が再度，大脳皮質（脳）に伝わることにより「泣く」という身体反応ならば「悲しい」という情動が，「笑う」という身体反応ならば「楽しい」という情動が，各々起こる。

　1～3の過程をまとめると，〈感覚情報→感覚受容器→大脳皮質へのインプット→「泣く」という身体反応（感覚情報）の，身体への転送→身体反応（「泣く」）による情動（「悲しい」）の生成〉，となる。
　まとめると，情動体験が生まれる理路は次のようになる。
　環境からの刺激によって誘発された骨格筋や内臓の変化（身体の生理的変化），すなわち情動表出もしくは情動反応を脳が認知することによって情動（情動体験）が生じる，と。つまり，刺激の誘発にともなう身体反応の認知による情動体験の生成である。ここで重要なのは，身体反応（身体の生理的変化）が情動体験に先行するということである。だからこそ，情動（情動体験）の末梢起源説といわれるのだ。情動（情動体験）は，内臓や筋肉などの末梢部位における活動の変化を知覚・認知することによって生まれる。要するに，何らかの原因で乱された身体器官（骨格筋や内臓）からのフィードバック，すなわち身体反応が，情動を生み出すのである。
　次に，キャノン＝バード説（情動の中枢起源説）について概説する。
　ジェームズ＝ランゲ説と同様，情動体験が生成される過程を図11［同前］に沿って順に記述すると，次のようになる。なお，引用した図11の3と4の番号は逆であると判断し，入れ替えた状態で記述

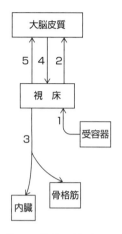

図11 情動の中枢起源説

した(ただし,図11の番号は修正せず,そのままにした)。

1. まず,環境の変化が感覚受容器を刺激し,そのインパルスが視床に伝えられる。
2. 次に,インパルスが視床から大脳皮質へと伝わって,反応を起こす。
3. 大脳皮質は知覚したできごとや対象がどのようなものであるかを決めるため,過去の記憶を使って情動反応を起こし,視床を興奮させる。
4. その興奮がさらに筋肉や内臓に伝えられると,状況に適合した行動を準備する。
5. そのことと同時に,視床からの情報が大脳皮質に伝えられ,情動が体験される。

1〜5の過程をまとめると，〈感覚情報→感覚受容器→視床へのインプット→大脳皮質→過去の記憶を用いての情動反応→{視床の興奮→身体（筋肉や内臓）→適した身体反応} + {視床からの情報→大脳皮質→情動体験}〉，となる。

まとめると，情動体験が生まれる理路は次のようになる。

環境からの刺激によって誘発された骨格筋や内臓の変化（身体の生理的変化），すなわち情動表出もしくは情動反応は，情動体験の生成にとって必ずしも必要ではない。むしろ，情動反応＞情動体験であるとともに，情動反応≠情動体験である。むしろ，環境からの刺激に対し身体は反応を起こす以前に恐怖や不安を感じ取っていて，その身体反応（情動表出もしくは情動反応）は大脳皮質や視床（視床下部）にすでに伝わっているのだ。正確には，身体反応は直に大脳皮質や視床に伝わっているのである。だからこそ，情動の中枢起源説といわれるのだ。

以上，情動の生成するメカニズムに関してまったく異なる捉え方をする2つの学説について敷衍してきた。次に，両者の学説を統合したシャクターの情動の2要因起源説について述べることにする。

前述した2つの学説と同様，情動体験が生成される過程を図12［同前：67］に沿って記述すると，次のようになる。

1. まず，環境の変化が感覚受容器を刺激し，身体の生理的な変化，すなわち身体の覚醒が起こる。
2. 次に，その身体的覚醒，すなわち情動の内容が果たして恐怖や不安なのか，喜びや嬉しさなのかがわからないため，大脳皮質は，過去の経験やいま自分が置かれている状況などから推測して，情動の内容を判断する。つまり，大脳皮質が知覚的，認知的な判断によって身体の生理的変化（身体的覚醒）とい

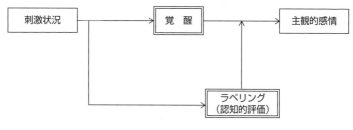

図12 情動の2要因起源説

う情動の内容を判断するのだ。
3. そして, こうした知覚的, 認知的な判断は, 情動の内容がたとえば,「私は恐れている」とか「私は喜んでいる」というように, 何であるのかについてラベリング（認知的評価）を行う。こうしてラベリングされたものが主観的感情, たとえば「恐れ」や「喜び」である。

このように, シャクターの情動モデルは, 身体的反応・覚醒と, その反応・覚醒を知覚的, 認知的に判断し, ラベリング（認知的評価）を行うといった2つの要因から成り立つ。ただ, この学説では, 刺激状況に対する身体的反応・覚醒（情動の内容）をベースに据えていて, 副次的にもしくは事後的にその情動の内容を大脳皮質が認知的判断・評価するという論理からすると, ジェームズ゠ランゲのように, 身体的変化・反応, すなわち情動表出を優先していると考えられる（この後, R. ラザルスの認知モデルが公表されたが, 本書の目的からシャクターの2要因起源説までを射程とする）。

以上, 情動に関する3つの学説を取り上げたが, 情動の2要因起源説は, 末梢起源説と中枢起源説を統合したものでありながらも, 実質は末梢起源説を批判的に発展させたものである。心理学の教科

書を通して伝達される3つの学説は，およそこの程度ではなかろうか。確かに，これらの説明は，言語的，論理的に緻密なものである。ところが，いまひとつ腑に落ちないのである。それはなぜかというと，「情動体験」，「情動表出」，「身体反応」等々，概念のわかりづらさもさることながら，これらが果たして人間に特有の感情なのか，それとも，人間と動物に共通した感情なのか，総じて人間の脳のどの部位がもたらす機能であるのかがクリアでないからである。それはすなわち，感情（情動）のリアリティにかかわる問題である。したがって次に，これら3つの学説を的確に理解する上で廣中直行の「低次脳／高次脳」フレームワークは有力な手がかりとなる［廣中直行，2003／中井，2015b：1-13］。それに言及する前に，ジェームズの情動論がR.デカルトの情念論（身体機械論）を継承していることについて述べることにする。

　デカルトの学説の詳細はさておき，ジェームズがデカルトから継承したのは，「脳（魂）の中に体とやりとりをする領域（低次脳）」［廣中直行，2003：48］に加えてもう1つ，「自分の精神状態をモニターし，コントロールする領域（高次脳）を考えた」［同前］ということである。つまり，「体と脳の大きなループと脳の中の小さなループとの入れ子の構造」［同前］である。これはそのまま，廣中のいう「低次脳／高次脳」フレームワークに対応している。

　ジェームズはデカルトのこうした考え方を継承したことから考えて，「情動体験」，「身体的反応・覚醒」といった低次脳を重視した。これに対し，キャノン＝バードは，「情動表出」，「身体反応」以前にすでに恐怖や喜びなどの情動が大脳皮質や視床（視床下部）に伝わっている，端的にいうと，「情動表出」，「身体反応」という低次脳の活動がすでに大脳皮質などの高次脳に直に伝わっていると考えた。ジェームズ＝ランゲが「情動表出＝身体反応」→「情動体験」，

すなわち低次脳の働きを重視したのに対し，キャノン=バードは，中枢神経系→「情動表出＝身体反応」，すなわち中枢神経系という高次脳が状況に合わせた「情動表出＝身体反応」という低次脳を作り出すというように，高次脳の働きを重視したのである。端的にいうと，前者が，低次脳が情動を生み出すと捉えるのに対し，後者は，高次脳が情動を生み出すと捉えたのである。

両者の学説の差異は，前者が低次脳を，後者が高次脳を各々重視していることから生じる差異だと捉えることができる。そして，両者を統合したシャクターは，低次脳を重視しながらも，低次脳が低次の働きしか持ち得ないことから——すなわち低次脳は自らの活動を分析すること，自己認知・評価することができないことから——，自ら判断・評価することのできない情動の内容について高次脳が知覚的，認知的評価，すなわちラベリングを行うのだと考えたのである。したがって，シャクターは，低次脳と高次脳を，各々のスペックにおいて重視していることになる。

このように見ると，シャクターはデカルトの情動（情念）論へと回帰していることがわかる。つまり脳の中に，①身体とやりとりする領域としての低次脳，すなわち「情動表出＝身体反応（泣く）」→「情動体験（悲しい）」と，②自分の精神状態を検閲・制御する領域，すなわち「情動表出＝身体反応（泣く）」＝「情動体験（悲しい）」と対応させる領域としての高次脳という2つのループが実在しているのである。しかも，①低次脳と②高次脳は直接結びついてはいない。つまり両者は，間接的にかかわりを持ちながらも，独自の働きを独立して行っている。こうした捉え方は，最新の脳科学の知見ということで，デカルトよりも高度な捉え方に見えるにもかかわらず，根本的なところでは，脳と心を対応づけ始めた頃のデカルトの捉え方と変わりはないといえる。

VIII　情動の因果律　143

　以上見てきたように，「泣くから悲しいのか／悲しいから泣くのか」という問題は，まず何よりも，①低次脳によって生み出される「泣くから悲しい」，すなわち「情動表出＝身体反応（泣く）」→「情動体験（悲しい）」であり，次いで，②高次脳によって情動の内容が「悲しいから泣く」，「悲しいから大声を出す」，「悲しいから大食いする」という具合に，明らかにされる，すなわちその都度の状況に応じて「情動表出＝身体反応（泣く／大声を出す／大食いする）」＝「情動体験（悲しい）」と対応づけられるのだ。低次脳は「情動表出＝身体反応」をただ漠然と受けとめるだけで，その細かな内容まで認知することができない，そうであるがゆえに，そうした曖昧な「情動表出＝身体反応」が何であるのか，その原因を知らないときがある。そのときこそ，高次脳の出番であり，その知覚的，認知的判断・評価機能によって由来のわからない「情動表出＝身体反応」を明確化する（ラベリングを付ける）のである。

　以上のことから，この問題は，「泣くから悲しい」ということが正しいことになる。ただ，「泣くから悲しい」は正しいとしても，悲しいの原因は「泣く」だけに限定され得ない。極端なケースとして，「うれし泣き」がある。「嬉しいから泣く」のように，自分はなぜ泣いているのかよくわからない場合は，その原因を高次脳によって明らかにすることが必要なのである。ただ，よくよく考えてみれば，自分でもよくわからない情動や感情は少なくない。「泣くから悲しい」ことはあっても，なぜ悲しいのか，その原因を自ら知らないことは常態ではなかろうか。情動や感情について高次脳にもできることの限度があるのだ（高次脳は万能ではない）。

2．情動の因果律の構築

(1)「高次脳／低次脳」フレームワークから見た情動

　すでに述べたように，「悲しい」，「腹が立つ」，「不安である」，「怖い」等々の情動については，たとえば「泣くから悲しい」と表現できるように，「泣く」という身体反応（情動表出）が「悲しい」という情動体験を起こすことがわかった。これは，低次脳の行動原理として説明することができる。したがって，「悲しい」という情動を身体的，生理的に説明したジェームズ＝ランゲ説が正しいことが証明されたのである。

　もしそうであるならば，情動の因果律についても，これまで述べてきた因果律と同様，「泣く」（という身体反応）が「原因」となって，「悲しい」（情動体験）という「結果」をもたらす，という因果律が該当することになる。つまり「情動の因果律」は他の因果律と何ら変わらないことになる。

　ところが念のために，「泣くから悲しい」という推論文が因果律として成立するかどうかを検討してみたところ，思いもかけない結果が出てくることが判明したのである。前に述べた因果律に関する2つの基準によって検証すると，次のようになる。

　1つ目は，合否基準の低い裏命題（「AでないのでBでない」）によって調べると，元の推論文は「泣かないので，悲しくない」となり，否となる。というのも，日常経験に照らすと，「泣かない」からといって「悲しい」ことは多々あるからだ。そのことは私たちの誰もが納得できることであろう。むしろ私たちにとって「泣く」ことの方が例外の情動表出であるはずだ。これでこの命題は正しくないことが証明された。本来ならば，これで終わりである（ただ今回だけは，それ以外の基準についてもどうなるのかを確かめることに

VIII　情動の因果律

した)。

　2つ目は，合否基準の高い，行動とその結果についての基準（「BをすればAでなくなる」）――「A→C」というように，Cへと変化する前に「Aでなくなる（not-A）」――によって調べると，元の推論文は「悲しめば，泣かなくなる」となる。ただ，この変形された推論文だけでは意味が不明であり，合否を判定することができない。したがってすでに述べたように，こうした場合は，省略しない二重の因果律方程式（B：A→C　∴B）を適用することが必要となる。すると，「現状は泣いているが，悲しむと泣かなくなる。だから悲しむ」となる。この推論文は明らかに間違いである。間違いだという前に，意味不明である。

　以上，「泣くから悲しい」は，2つの基準のいずれも満たさないことから因果律として成り立たないことが証明された。

　では，ジェームズ＝ランゲ説およびこの学説を継承したシャクターによって心理学的に正しいことが判明した「泣くから悲しい」という推論文はなぜ因果律として成立し得ないのであろうか。その前に――本章の冒頭で吐露したように――，この，正しいと見なされる推論文は，私たちに違和感を抱かせるのであろうか。

　結論から述べると，その理由は因果律を制作する（できる）のは，高次脳のみだからということにある。裏を返せば，シャクターが述べたように，低次脳は「情動表出＝身体反応」をただ漠然と受けとめるだけで，その細かな内容まで認知することができない。それゆえに，こうした曖昧な「情動表出＝身体反応」が何であるのか，その「原因」を自ら知らないのだ。そのときこそ，高次脳の出番であり，その知覚的，認知的判断・評価機能によって由来のわからない「情動表出＝身体反応」を明確化する，シャクター的には「ラベリングを付ける」わけである。

以上のことから，高次脳によって情動内容が「悲しいから泣く」，「悲しいから大声を出す」，「悲しいから大食いする」等々という具合に，明らかにされる。

　それでは，「悲しいから泣く（大声を出す／大食いする）」は因果律としては成立するのであろうか。次に，例によって2つの基準で調べることにする。

　1つ目の裏命題基準（「AでなければBでない」）を適用すると，この推論文は「悲しくなければ，泣かない」となり，合となる。日常経験に照らすと，たとえばうれし泣きのように，悲しくなくても（＝嬉しくても）泣くことはあるので，一見，この変形された推論文は正しくないように見える。ところが，よくよく考えると，これはあくまで「悲しくない」という情動の否定を表しているだけだから，正しいのだ。むしろこの変形された推論文に違和感があるとすれば，これがほとんど意味のない推論文だということに尽きる。

　2つ目の行動結果，「BをすればAでなくなる」を適用すると，元の推論文は「泣くと，悲しくなくなる」となり，意味がよく理解できない。したがって，二重因果律方程式を適用すると，「泣くと，悲しいのが収まる」，さらに分析すると，「現状は悲しいが，泣くとすっきりする（＝悲しみが和らぐ）。だから泣く」となり，因果律として成り立つことがわかる。

　以上のことから，「悲しいから泣く」は正しい推論形式としての因果律であることが証明された。そして，「悲しい」という情動体験は，その都度その都度の文脈に応じて「情動表出＝身体反応」（泣く／大声を出す／大食いする）に対応づけられることが因果律の基準を通してあらためてわかったのである。

　以上述べたことをまとめると，まず，「泣くから悲しい」というジェームズ＝ランゲ説は正しい。ところが，「泣くから悲しい」と

いう推論文は，きわめて抽象的な——いわば生活文脈とは乖離した——身体的生理的な行動（反射行動）を表したものにすぎない。これは，ニセの因果律である（それ以前に，日本語として成り立つかも疑わしい）。「泣くから悲しい」が通用するのは，実験室のような，環境が制御された抽象的な状況のみである。もしくは——これは「笑うから楽しい」場合であるが——，意図的に前歯で箸を嚙んでにっと笑ってみる，すると（少しは）楽しくなるといった，意図的に作り出された不自然な状況のみである。

裏を返せば，高次脳だけが制作する（できる）因果律としては，「悲しいから泣く」，「悲しいから大声を出す」，「悲しいから大食いする」というように，「悲しいから……である」が正しいことになる。

しかしながらよくよく考えれば，「悲しいから泣く」というのは，人の心の動きが行動を起こす動機（原因）と思われる事例であり，前述した医学モデル（「心の言葉」によって行動を説明するモデル）を採ることから——たとえば「やる気がないから仕事を休む」，「性格が悪いから対人関係がうまくいかない」など——，これは正しい推論形式としての因果律に反しているのではないのか。

そこで考えられることは，情動のような原初的な感情の場合，自分が自分自身の感情を「変化」させる手段として行動を起こす場合が少なくない，よってそれ以外の「心」および「心の因果律」とは区別すべきではないかということである。

「現状は悲しいが，泣くとすっきりする［悲しみが減じる・和らぐ］。だから泣く。」。

これらの推論形式は自分が自分自身の感情を「変化」させるにあたって，行動することがあることから捉えると，自分の何らかの「変化」に直結する感情は，それ以外の「心」とは異なることがわかる。

さらに,「悲しいから……である」の1つである,「悲しいから泣く」は正しい推論形式としての因果律であるが,その一方で,同じ「泣く」であっても,「嬉しいから泣く」(「うれし泣き」) もある。つまり「泣く」の理由は,その時々の文脈でさまざまとなる。「嬉しいから泣く」のように,自分がなぜ泣いているのかがよくわからない理由は,高次脳によって初めて明らかになる (するしかない)。
　「うれし泣き」の場合,「現状は嬉しいが,泣くと嬉しさが倍加する (＝嬉しさが度を超す)。だから泣く。」のではなかろうか。とはいえ,「うれし泣き」と同様に,高次脳でも対処することが困難な情動体験も少なくない。その時の自分の情動体験については他者が理解できない (よって自分のことを「わかってくれない」) という前に,自分でもよくわからない情動体験も決して少なくないのである。
　繰り返し強調すると,低次脳が反射行動として捉える「泣くから悲しい」,「笑うから楽しい」は,身体的,生理的な説明としては正しい,にもかかわらず,低次脳は因果律を制作することができない,裏を返せば,因果律を制作することができるのは高次脳だけであるという脳の摂理からすると,「泣くから悲しい」,「笑うから楽しい」は正しい因果律ではないのである (推論形式以前に日本語文としても疑わしい)。したがって,因果律は常に高次脳によってのみ制作されるという根拠から,「悲しいから泣く」,「楽しいから笑う」という推論文が正しいと判断することができる。高次脳だけが自己再帰的に自分自身のことを認識できるのだ。

(2) 二次感情としての怒りの感情
　本章を終えるにあたって,情動や感情の中でも例外といえるものとして,「腹が立つ」という怒りの感情について述べたい。怒りの

感情については，しばしば「腹が立つから怒鳴る・殴る」という場面に遭遇する。

　ところで，アドラー心理学では怒りの感情は，落胆・不安・心配・悲しみ・寂しさ・傷つきというように，ごく自然に湧き起こる「一次感情」とは異なり，意図的に作り出される「二次感情」だと捉えられている。もっというと，怒りの感情は，人間（主体）が自らの感情を特定の他者に向けてぶつけることにより，その他者を操作しようとするときに用いられる感情なのである。たとえば，母親（または，教師）が自分のいうことを聞かない子ども（または，児童生徒）に対し怒ることがあるが，それは，母親（または，教師）が子ども（または，児童生徒）を怒ることによって子どもに玩具の後片づけをさせる（または，児童生徒に掃除をさせる）という行動に向かわせるわけだ。つまり，怒りにはそれを表現する当事者自身の目的や意図がある。この場合，怒りの感情が人間を動かすというよりも，人間がある目的のために怒りの感情を用いて他者に何かを成し遂げさせるわけだ。怒りの感情はある状況において「特定の人＝相手役」にある目的（意図）を持って用いられる。その意味で，怒りの感情はコントロールすることができる。正確には，怒りの感情はすでに使用する当事者によってコントロールされながら使用されている。

　怒りの感情がこうした意味で「二次感情」だとすれば，「腹が立つから怒鳴る」という推論文は，「現状は腹が立つが，怒鳴るとすっきりする（＝怒りが和らぐ）。だから怒鳴る。」というよりも，「現状は腹が立つが，怒鳴ると相手の行動が変わる（相手の行動を変えられる）。だから怒鳴る。」という方が現実に近いのではないかと考えられる。勿論，怒りの感情にともなう，自分自身の「変化」，すなわちB（怒鳴るという行動）による，A→C（気持ちが収まらな

い→気持ちが収まるもしくはすっきりする)をもって怒りの因果律の正当性を主張することも可能である。ただ,アドラー心理学が怒りの感情を「二次感情」だと特別視する背景には,怒りの感情にともなう他者の行動の「変化」およびそれにともなう自分自身の達成感があるように思われる。

　なお,「腹が立つ」という怒りの感情は「二次感情」であるがゆえに,その根底にはたとえば「落胆」,「不安」,「心配」,「悲しみ」等々といった「一次感情」が控えていることも強調しておきたい。たとえば,母親のわが子への怒りの感情(「二次感情」)の根底には,後片づけをきちんとしてくれないわが子に対し,「(期待しているのに)がっかりだ」,「(こんな調子ではこの子のこれからが)不安もしくは心配だ(先が思いやられる)」,「(いいつけを守ってくれないので)悲しい」等々といった母親の「一次感情」があると思われる。むしろ,母親が怒りの感情を爆発させる(そして,そのことでわが子にいうことを聞かせようとする)ことは,わが子に対するさまざまな気持ち(「一次感情」)を抱いているにもかかわらず,そうした親心がわが子に伝わらず,怒っていることだけがクローズアップされてしまうのだ。その意味では,「一次感情」と「二次感情」とのギャップにこそ,親子関係をはじめ,教育関係の困難さがあるといえる。

結語
キーパーソンを中心にした本書の要約

・・

　最後に本書の要点をまとめておくことにする。ただし、論述したことを反復するのではなく、キーパーソンとなった人たちの考え方を中心に発展的にまとめることにしたい。

　ところで本書は、冒頭で述べたように、「どうして、私は対人関係がうまくいかないのか」、「なぜ、私は学業がうまくいかないのか」というように、私たちが頭の中で自問自答していること、もしくは、言葉を用いて内語として発話していることがことの発端となったが、こうした自分自身への問い（疑問）に対し「……だから～のようになる（なった）」という形で自ら答えるというパターンとなるとき、いわゆる心の問題が発生することになる。したがって、私たちにとって心の問題は、「なぜ、どうして」——「……だから」という「原因」と、「～のようになる（なった）」という「結果」のペアから因果律の形式を採ることになる。しかも心の問題（対人関係や学業がうまくいかない、何もする意欲がない、憂うつだ……）についてはその原因となるもの（＝「なぜならば」、「……だから」）を取り違えてしまうと、心の問題は解決するどころか、悪化の一途を辿ることになる。だからこそ、心の問題について正しい因果律を制作することはきわめて重要な課題となるのだ。したがって本書の目的は、偏に正しい因果律を制作することの重要性を世に知らしめることと、正しい推論形式としての因果律の制作方法をできるだけ

シンプルかつわかりやすく述べることにあった。

　正しい推論形式としての因果律を制作するためには，次のキーパーソンおよびその考え方が不可欠であった。見方を換えれば，これから順次述べるキーパーソンおよびその考え方というピースをつなぎ合わせるとき，本書そのものが創発されてくるのである。

①アドラー心理学の原因論批判および目的論の提起／フロイトの心的決定論という軸

　こうした課題のきっかけとなったのは，アドラーが唱えた心理学にあった。詳細は既述したことに譲るとして重要な事柄のみを述べると，近年，自己啓発分野で注目を浴びたアドラー心理学は，原因論と目的論という2つのタイプの心理学に区分した上で，原因論を批判し，目的論を主張した。ただ本文を書き終えた現在，原因論批判については2つに分けて論じる必要があることが判明した。

　1つ目は，アドラーの原因論批判の背景には，フロイトのトラウマ論をベースとする心的決定論があるということである。フロイトの精神分析では，神経症をはじめとする心の病の原因（心因性）がすべて過去（乳幼児期）の親子関係の不和や虐待およびそこで刻み込まれた心の傷（トラウマ）へと還元することができるという捉え方をする。つまり，現在の神経症という「結果」は，過去に負った心の傷（トラウマ）という「原因」へと遡及することができるという時間構造を有するのだ。こうした捉え方（モデル）は，自然科学のように，すべての人に例外なく当てはまるものである。いわば，すべての「原因」は過去にあるという法則である。こうした過去への囚われからクライエントを救い出すために，アドラーは原因論批判を行うと同時に，目的論を主張したのだ。

　2つ目は，フロイトの心的決定論（過去決定論）とは直接かかわ

りなく，私たちが「どうして対人関係がうまくいかないのか」といった自問に対する答えを，過去への囚われや意味づけに求める場合の，原因論批判および目的論の提起である。1つ目のフロイトの心的決定論については科学的世界における因果律の制作上の問題点として取り上げたのに対し，この2つ目は日常的世界におけるそれとして取り上げた。実は，アドラー心理学を今日の社会において活用する場合，この2つ目の方がより重要になる。というのも，〈心に悩みのある人〉，正確には〈いま，心が悩んでいる状態にある人〉は，「現在，うまくいかないこと」や「悩みや不安を持っていること」（「結果」）の「原因」を乳幼児期に負ったトラウマというよりも，過去に起こった諸々の酷い体験に探し出すことにより，行動を起こすことができないでいるからである。変更することのできない過去への囚われは，現在，そして未来に向けて何らアクションを起こせなくする可能性が高い。いわゆる過去への呪縛である。こうしたごく日常的な文脈における過去への囚われもしくは（現在における）過去への意味づけから解き放たれない限り，心の問題は解決しないのである。このとき，クライエントが自ら選択・解釈した，過去への囚われや意味づけから解放される契機となるものこそ目的論なのである。目的論は，自ら「どうすれば（いまよりも）うまくいくのか」，「どのようになりたいのか」，「何のためにそうなりたいのか」などというように，行動を未来のある目的達成のためだと捉えるのである。特に，心の問題を解決するために，時間軸を「現在→過去」から「現在→未来」へと方向転換することが何よりも必要なのである。

②D.ヒュームの因果律への立ち返り

キーパーソンとしてまずアドラー心理学を取り上げたが，本書を

執筆するにあたって実は最も重要なのは，ヒュームの因果律についての考え方であった。ヒュームの因果律は，科学的な因果律をはじめ，すべての因果律を一旦リセットし，一から因果律について考えるきっかけを与えてくれるものであった。ヒュームの因果律なくしては本書を執筆することはできなかった。「恒常的連結」をベースに空間的な「接近」と時間的な「継起」，そして「心」による「必然的結合」を成立条件とするヒュームの因果律論は瞠目すべき知見であり，ヒュームのお陰で「心」が因果律を制作する働きを有するということが解明された。客観的に実在するかに見える科学的因果律に対するヒュームの懐疑的解決は実は，因果律についての投影主義の主張なのである。つまりヒューム的には，因果律は私たちの経験（ひいては「心」）を世界へと投影したものなのである。こうした投影主義という考え方および因果律に関する4つの成立条件こそ，本書において「心」の因果律について考えていく上で有力な足場となったのである。

ただ筆者は最初から因果律を根本的に捉え直す足場がヒュームにあることを知っていたわけではない。ヒュームの因果律の秀逸さを知るきっかけとなったのは，精神病理学の第一人者，内海健のヒュームに関する論考および著書である。また，内海は因果律を理論的に説明するためにJ.マクタガートの時間論にも言及していて，その時間論（A系列とB系列の時間構造）もまた，科学的世界の因果律の問題点を指摘する際に役に立った（ただし，この観点は内海には見られない）。

③因果律制作の契機となる不全な状況もしくは不確定な状況

ヒュームの因果律は投影主義の立場からの秀逸なものであることに相違はないが，ただ1つだけ大きな問題点があった。それは，因

果律がどのような状況において制作されるのかについて明らかにしなかったことである。これについては分析哲学者，一ノ瀬正樹や一部の社会学者らが示唆するように——自然現象や社会現象について十分な知識を習得していない幼児や学校の児童生徒はさておき——，大人が「どうして」，「なぜ」，そして「なぜならば」と頭の中で自問自答したり発話したりする状況というのは必ず，自らが不全な状況もしくは不確定（不確実）な状況に置かれたとき，である。裏を返せば，自ら不全な状況もしくは不確定な状況に置かれないとき，ただ1つの行為やできごと（単一的な全体性）があるのみなのだ。たとえば，乗っている自転車が動かなくなったり，リモコンを押してもテレビがつかなかったりするとき，私たちは「どうして」，「なぜ」とその「原因」を追求し，そして「なぜならば」と自らできる範囲で答えを出す。つまり，自転車が円滑に動いたりリモコンでテレビがついたりするとき，子どもや技術者でもない限り，私たちは因果律を制作しないのだ。

このように考えると，不全な状況もしくは不確定な状況の最たるものこそ，前述した「どうして，私は対人関係（学業）がうまくいかないのか」というように，私たちが心の問題（悩み）を抱えるときであることがわかる。裏を返せば，「心の因果律」こそ，因果律の中の因果律，もっといえば，因果律の王様なのである。ただ，この「なぜならば（〜だから）」に匹敵するものが「原因」であるのか，「理由」であるのかを判別することは大変困難な問題となるが，これについては一ノ瀬正樹の捉え方（「原因」：音・響き／「理由」：声・歌詞というモデル）に沿って最終的に「原因＝理由」に統一した。正確にいうと，この場合，「音・響き」としての「原因」は，「声・歌詞」としての「理由」の下層（ベース）にある，という解釈に落ち着く。本書で，ある箇所は「原因」という意味が適切であ

ると感じ、またある箇所は「理由」が適切であると感じるのは、このような、「原因」と「理由」を区別することの困難性に帰着する。

④行動分析学（応用行動分析学）から抽出した
「正しい推論形式としての因果律方程式」

本書の目的である「心の因果律論」の構築は、①アドラー心理学をトリガーとしつつ、②ヒュームの因果律論、③ヒュームの因果律論の「補修工事」（＝因果律制作の状況としての不全な、もしくは不確定な状況に関する指摘）と進み、いよいよ「正しい推論形式としての因果律方程式」を述べる準備が整った。ここで満を期して登場するのが正しい因果律の制作には欠かすことのできない行動分析学（応用行動分析学）のＡＢＣ分析、行動分析学的には「行動随伴性」である。ただ、このＡＢＣ分析を取り上げるにあたっては慎重な手続きが不可欠である（すでにふれたように、[中井, 2015a]ではその手続きを省いたために、なおかつ、そのときはアドラー心理学に依拠しすぎた関係で、原因論と目的論の捉え方を曖昧なままに放置してしまった）。

ではあらためてＡＢＣ分析を取り上げるに際してどのような手続きが必要なのかというと、それは、行動科学としての行動分析学およびその文脈に置かれたＡＢＣ分析を、②ヒュームの因果律論へと立ち返りを通して、ＡＢＣ分析を「１回限りの推論形式」という形で抽出することである。私見によると、ＡＢＣ分析には行動分析学の専門家の思惑を超えてきわめて秀逸と考えられる、推論形式としての因果律（正確には、「正しい推論形式としての因果律方程式」）が含まれている。ここで「１回限りの推論形式」というのには、大きな意味がある。すでに詳述したように、行動分析学とは行動の法則を研究対象とする科学である。しかも、それは人文・社会科学よ

りも，厳密な法則性を解明するという意味において自然科学に近い。

しかしながら筆者からすると，あとがきでも言及するように，厳密な行動科学としての行動分析学（応用行動分析学）が療育などの現場で活用されるとき，こうした科学的な療育を享受する子どもやその関係者（親など）にとって機械的で大変ストレスフルなものとなる。行動分析学から重要な考え方（因果律）を抽出させてもらう筆者からすると，大変心苦しいのであるが，行動分析学の秀逸さは行動科学としてのそれよりもむしろ，行動分析学の専門家があまりにも素朴であるがゆえに，あらためて注目することのないＡＢＣ分析を推論形式として抽出した因果律にこそあると考えられる。行動分析学の専門家の人たちに対し再度強調する。筆者は，本来の行動分析学（スキナーの徹底行動主義に基づくそれ）とはまったく関係のない文脈において，いわば通常科学としての行動分析学とは切断した上で，「好子」に基づく行動随伴性であれば，「何度も機械的に反復される」ＡＢＣ分析を，「１回限りの」，「正しい推論形式としての因果律方程式」へと変形・加工した上で，〈悩みのある人〉自身による心理分析として活用していくことを宣言したい，と。したがって，筆者は"あなた方の行動分析学を間違って使用しているわけではない。筆者はいまもそしてこれからも，行動分析学という研究方法を用いたいとは考えていない。両者は似て非なるものである。ただ偶然にも，ＡＢＣ分析を思考・推論のフレームワーク，正確には，正しい推論形式としての因果律方程式を心が不全な状況にあるとき活用可能であるから活用せざるを得ないし，今後も活用していくことにしたい"，と。ただこうした断りもなしに，すでにビジネス界では思考のフレームワークの１つとして活用されているのが現状である（たとえば，［石田淳，2016：50-52］）。いまから思うと，筆者がＡＢＣ分析から因果律（推論形式）を手続きもなしに抽

出し，アドラー心理学（の目的論）と接ぎ木しながら活用してしまったのは，こうしたビジネス書から影響を受けたせいかもしれない。

では，本書の核となる「正しくない因果律」と「正しい因果律」についてまとめると，次のようになる。

まず，一般の，正しくない因果律方程式は，「AだからBをする」，「AだからBを起こす」，「AだからBになる（である）」と表すことができる。この文自体は日本語文もしくは日本語の会話文として正しいように見えるが，実は思考を正しく表現したものとはいえないのだ。

これに対し，ＡＢＣ分析から抽出した「正しい推論形式としての因果律方程式」は，「いまは，Aであるが，Bをすれば，Cになる。ゆえに，Bをする。」もしくはシンプルに「Aのとき，Bをしたら，Cになる。」と表すことができる。記号で示すと，「$B : A \to C \quad \therefore B$」となる。

推論形式となった正しい因果律は，〈現状はAであるが（Aのとき），行動Bによって（Bをしたら）現状Aを結果Cへと変化させる（Cになる）。〉であるが，ここで〈現状はAである。だから行動Bを起こす〉という因果律と，〈行動Bが「原因」となって現状Aが結果Cへと変化するという「結果」が生じる。〉という因果律といった二重の因果律から構成されている。特に，後者の〈現状Aが結果Cへと変化する〉は，行動の動機・理由となる「変化」を含んでいることから最重要な因果律であることがわかる。

こうした二重の因果律（因果関係）は，「$B \to (A \to C) \& A \to B$」と記号で表すことができる。ここで注意すべきなのは，「$A \to B$」：「AだからBをする」は見かけ上，前述した一般の，正しくない因果律方程式と同じであり，正しい因果律と区別がつかないということだ。というのも，正しい推論形式としての因果律もまた，「$B \to$

（A→C）」と「A→B」の省略形で表されることが少なくないからだ。

　正しくない因果律／正しい因果律を見分ける基準としては，(1)「裏命題」，「AでなければBでない」という基準，(2)「BをすればAでなくなる」という基準，すなわちB（行動）によってAがCへと変化するため，少なくともAがAでなくなることになる，(3)「BをすればAでなくなる」を適用しても意味がわからない場合に限り，因果命題を「正しい推論形式としての因果律方程式」と照合する，といった3つをもって判別可能となる。しかも，「正しい推論形式としての因果律」では「変化」をともなう「二重因果律」となり，こうした「変化」は環境の「変化」を介した自己の「変化」を含むということになる。したがって，二重の因果律は，環境の「変化」，そしてこうした環境の「変化」を介した自己の「変化」となることから，この類いの因果律は自然と，原因論から（動機・理由を求める）目的論へと移行していくことになる。つまり，「原因論＝目的論」という定式が成り立つのだ。ただし，これは排中律を逸脱していることから，実践固有の論理であると考えられる（理論的には，アドラー心理学よろしく，原因論／目的論という二分法を採ることになる）。

　「正しい推論形式としての因果律方程式」の実在を通して一般の因果律の多くが正しくないことが明らかになってきた（前述したように，正しい因果律の省略形としての一般の因果律だけが真正の因果律だといえるのである）。

　見方を換えれば，私たちは因果律を捉え損ねている。私たちは因果律が生じてくる（必要とされる）場面について理解していない。たとえ，そのことが解決したとしても，私たちは因果律を日本語の文（会話文）として正しく記述できていない。因果律に関する文（因

果命題)は日本語として一見(それなりに),正しく,日常の会話で使う程度ならば,何ら問題はないように見えるが,私たちの心の問題について記述する際に深刻な問題として露呈するのである。

さらに,「心の因果律」について例外がある。それは「情動の因果律」である。「泣くから悲しい」のか,「悲しいから泣く」のかという有名な問いについては,すでに明らかなように,ジェームズ=ランゲ説およびそれを継承したシャクター説が正しい。ところが,「泣くから悲しい」という日本語文はきわめて抽象的な(=生活文脈とは乖離した)身体的生理的な行動を表したものにすぎない。よって,これはニセの因果律である。つまり,「泣くから悲しい」が通用するのは,実験室・実験状況といった抽象的・恣意的な状況においてのみである。

裏を返せば,高次脳が制作する因果律としては,「悲しいから泣く」,「悲しいから大声を出す」,「悲しいから大食いする」というように,「悲しいから……である」が正しいことになる(シャクターは,高次脳が情動内容を「ラベリング」すると述べている)。ただよくよく考えると,「悲しいから泣く」,「腹が立つから怒鳴る」は,人の心の動きが行動の源と思われる事例であり,医学モデル(心の言葉によって行動を説明するモデル)を採ることから——たとえば「やる気がないから仕事を休む」,「性格が悪いから対人関係がうまくいかない」など——,これは正しい推論形式としての因果律に反している。

ところが,情動に限っては自分が自分の感情を「変化」させる手段として行動を起こす場合があり,それ以外の「心」とは区別すべきではないかと考えられる。「現状は悲しいが,泣くとすっきりする[悲しみが減じる・和らぐ]。だから泣く。」や「現状は腹が立つが,殴るとすっきりする[怒りが減じる・和らぐ]。だから殴る。」

というように，これらは自分が自分の感情を「変化」させるにあたって行動することがあるがゆえに，自分の何らかの「変化」に直結する感情は，それ以外の「心」とは異なることがわかる。「情動の因果律」に限っては，「悲しいから」や「腹が立つから」や「楽しいから」といった「医学モデル」の適用はタブーとはならないのである。見方を換えれば，この段階で初めて医学モデルおよび「心の言葉」は，高次脳が制作した高度なものだということが明らかになってくる（本質的にいうと，私たちは何かについて語ったり綴ったりするとき，言葉という高次脳の所産を媒体として用いざるを得ないという大前提があり，これを無視しては何も語ることができないのだ。「無意識」という言葉もまた，言葉を使うためには不可欠な「意識」との相関においてしか語り得ないことを記銘すべきである）。

⑤犯罪加害者自身による，ＡＢＣ分析を用いた自己分析および犯罪防止対策

これまでまとめてきた①〜④がトンネルの入り口だとすれば，この⑤はその出口に相当する。どういうことかというと，秋葉原無差別大量殺傷事件という重大事件を起こした加害者（現在は死刑囚），加藤智大が自著の中で④の最後に述べたビジネス書にある思考のフレームワークとしての行動分析学（筆者のような手続きを一切省いた因果律論）を用いて行動分析，ひいては自己分析を行っており，結果的に「正しい推論形式としての因果律方程式」に準じたものを当事者（クライエント）自身が自分に向けて活用しているのである。ここまでくると，アドラー心理学における原因論批判および目的論の提起そのものは変更を要することが明らかになる。これは既述したことであるが，アドラー心理学において原因論批判はフロイトの心的決定論やその根底にあるトラウマ主義や性愛主義といった

明確なターゲットに向けられていてその意義が十分認められるが，その反面，原因論に取って代わるべき目的論の構築がまったく不十分であった。一般的には，アドラー心理学は「過去→現在」から「現在→未来」へという具合に，〈自分が立っている現在・ここ〉から見て目指すべき方向を切り替えることが不可欠であり，それが前者ならば「過去」となり，後者ならば「未来」となるわけだ。こうした捉え方だけでも悩みを持つクライエントからすると，危機を転機へと変えていく機会になることは確かであるが，筆者からすると，アドラー心理学の最大の長所は，こうした目的論の展開にはないと考えている。

ではこの最大の長所とは何かというと，筆者は臨床現場においてクライエント自身の自己選択性（自己決定性）を最大限重視していることにこそあると考えている。ここでいう「クライエント自身の自己選択・決定性」とは，言葉の上での表層的なことを意味しない。むしろこれは，原因論がセラピスト自身の「説明」に対応するに対し，目的論はクライエント自身の「目的」，もっというと「利益」や「欲望」という目先のことから長期的な「理念（価値理念）」のようなものに対応する，ということなのである。本書はアドラー心理学における原因論批判および目的論の主張をトリガーとして論が開始されたが，現段階ではこうした捉え方よりも，原因論を追求するのが専らセラピストであり，目的論を追求するのが専らクライエントであると捉えた方がアドラー心理学の真意に即した解釈だと考えられる（とはいえ，クライエントの中にはセラピストのように，原因を追求したがる者が少なからずいることが話を複雑にしている）。

アドラー心理学はクライエントがさまざまな事柄を自分で選択し決定する主体と明確に捉えたのであり，もっというと，クライエント自身が自らを自己選択・決定する主体として語り，そして自己を

分析することを最大限重視したのである。裏を返せば，心理療法という世界では恐らく，アドラーがあえて主張しなければならないほどセラピストが一方的に働きかけて，クライエント自身の症状や病気を説明してきたことがわかる。しかも，フロイトの心的決定論よろしく，クライエントの神経症はセラピストによって過去のトラウマに求められてしまうわけである（「自我－超自我－エス」といった構造モデルをベースとする自我心理学が確立された後においても，セラピストとクライエントとの力関係は変わらなかったと思われる）。ただ注意すべきなのは，フロイトの精神分析でなくても，ごく一般のセラピーやカウンセリングにおいても，程度の差こそあれ，セラピストとクライエントとの関係そのものに変わりないと考えられる。というのも，アドラー心理学よろしく，クライエントがセラピストの枠組みを超えて自ら"本当の目的（欲望や利益）"を語り始めたならば，恐らくセラピストはその語られたことにうまく対処することができないはずである。こうしたセラピストの事情は，意図的に「無知の知」の立場を採るナラティヴセラピストにおいてもそれほど変わらない。それだけ，セラピストがクライエントに自らの目的を語らせる（明らかにさせる）ことは困難なことなのだ。しかもこの場合，セラピストはクライエントに介入することになるとともに，クライエントはクライエントで自己責任を負うことになる。

　アドラー心理学における目的論の主張の真意がセラピストの枠組みを超えてクライエント自らに目的を語らせることにあると考えるとき，アドラーその人の秀逸さが際だってくる。こうした前提のもと，心理療法を根本的に考え直すとすれば，クライエント自ら，自己選択・決定の主体だと認識した上で，真摯に語る目的こそ，真正の行動分析，ひいては自己分析に値するのである。言い換えると，

セラピストがクライエントの症状や様子から判断して述べることはすべて，クライエント自身にとっては関係のない「説明」にすぎないことになる。繰り返し強調すると，セラピストがクライエントについて判断したり指示したりすることはすべて「説明」でしかないのだ。ここで「説明」というのは，本文で述べた「心の言葉」であり，それをさらに抽象化した「仮説構成概念」である。これらはセラピストの難解な精神分析概念よろしく，クライエントにとってはまったく関係のない「説明」，正確には「説明」の「説明」……にすぎない。セラピストがこうしたクライエントにとって関係のない——どうでもよい——「説明」をどれほど駆使しても，クライエントの症状および（心の）病気は良くならない。元々，セラピストが必要に応じて勝手に作り出した，「説明」するための概念であるがゆえに，「説明」がつくのは当然のことである。私たちはこうした言葉（概念や専門用語）のマジックに欺かれてはならない。

　前置きが長くなったが，アドラー心理学の目的論の真意に沿ってクライエントによる自己分析を何よりも優先していくことが不可欠である。正確には，それ以外に真正の心理療法はあり得ない。その意味では，たとえ重大な事件を犯してしまった加害者であろうと，行動分析学のフレームワークを用いて実際に行動分析および自己分析を行ったことは高く評価すべきである。本文で述べたように，加藤自身述懐しているように，自らの浅薄な判断により「刑務所・3年」から「死刑囚・1年」へと，すなわちAからCへと「変化」を起こすために，人を無差別に殺傷した，すなわちB（行動）を起こしたわけである。私たちは彼の動機を理解することはきわめて困難であるにもかかわらず，A→Cという「変化」を起こすためにB（行動）をしたことは一応理解することができる。また彼自身事件の後でA→Cという「変化」を起こすBを（「近隣のピアノ問題」と「自

殺問題」という別の話題について)「行う理由」と「行わない理由」といったディベート風の分析を行っているが、彼が考えるように、すべての問題行動（殺傷・殺人・自殺）はこうした正反対の理由の力関係から決定されると考えられる。彼の場合は、「行う動機・理由」＞「行わない動機・理由」となったからこそ——さらに彼が「置かれた状況」も加味されて——、実際に事件を起こしたわけであるが、本文でも示唆したように、そのことは私たちの誰もが加害者になる可能性を暗示している。

さらに、こうした観点から新たな支援者（ケアギバー）の輪郭がはっきりしてくる。つまり、こうした問題行動を起こす（かもしれない）人たちにとって真の支援者となり得るのは、A→Cという「変化」を起こす際に社会から見て最善といえる方法をアドバイスしてくれる人であり、こうした「変化」を起こす行動について「行う動機・理由」よりも「行わない動機・理由」を一緒に考えてくれる人（その人自身もまた「行わない動機・理由」となり得る）である。最後の支援者という存在を除きさえすれば、こうした「クライエント中心（主体）」の心理療法の支援者は、ＡＩ（ソフトウェア）化することも可能である（「カウンセラー2.0」）。

以上述べたように、クライエントが自らを自己選択・決定の主体だと認識した上で自分の行動分析および自己分析を行うことは不可欠である。そのとき、前述した「正しい推論形式としての因果律方程式」が認知的道具として役立つ。「正しい推論形式としての因果律方程式」は、何度も繰り返し述べてきたように、「B：A→C ∴B」で定式化できる二重因果律であり、この正しい因果律の制作、すなわち原因論の自己展開は、単なる原因論を超えて目的論、すなわちクライエント自身による本当の目的の分析につながるのである。実践の論理としては排中律を超えて「正しい推論形式としての

因果律方程式」は，原因論から目的論への転回あるいは反転を帰結させるのである。

見方を換えれば，現時点ではアドラー心理学における原因論／目的論の区別は不要になったことになる。あるいは破棄されたといっても過言ではない。「正しい推論形式としての因果律方程式」こそ，過去への呪縛となる原因論から現在から未来に向けて自らを投企していく目的論へと内破していくものである。ただ，こうした真正の因果律を役立てることができるのは，クライエント自身であることは何度強調しても強調しすぎることはない。

以上，①〜⑤に要約したように，ヒュームの因果律論への立ち返りを通して投影主義の立場から因果律は「心（経験）」の，世界への投影と規定されるとともに，「心」が日常的世界と科学的世界の中で因果律を制作することを明らかにした。なかでも，心が不全もしくは不確定な状況に置かれた〈悩みのある人〉が発する「どうして（なぜ）対人関係がうまくいかないのか」といった問いが，過去（乳幼児期）に刻まれた心の傷（トラウマ）という「原因」へと還元されたり，過去への囚われによってネガティブな因果律（正しくない因果律）を制作したりするとき，当事者の心の状態はより悪化してしまう。それに対し，行動分析学から抽出した「1回限りの」，「正しい推論形式としての因果律方程式」をクライエントが自ら習得し，それを利用して自ら行動分析および自己分析することは，セラピストがクライエントとは関係のない心の言葉やそれを抽象化した仮説構成概念によってクライエントの症状や病気を説明することから解き放たれる有力な方途となり得る。ただそのとき，従来の心理療法はディストラクション（お払い箱［契約解除］）となるのだ。アドラー心理学の真意は，このように，クライエントが自己選択・

決定の主体であることを認識した上で行動分析学および自己分析を行うとき初めて，十全のものとなると考えられる。その意味において，クライエントこそ最良かつ真正のセラピストであり，もし，こうした意味でのクライエントを支援できる人がいるとすれば，それが「正しい推論形式としての因果律方程式」を知悉した上で，A→Cという「変化」を起こす最善の行動を一緒に考えられる人か，あるいは，この変化を起こす行動についてそれを「行う動機・理由」と「行わない動機・理由」の力学から「行わない動機・理由」を選択することが妥当だと自ら知らしめてくれる人である。

　本書を簡潔にまとめるとすれば，それは，〈心に悩みのある人〉や〈問題行動を起こす可能性の高い人〉あるいは〈問題行動を起こした人〉，総じてクライエントが自己選択・決定の主体として「正しい推論形式としての因果律」を習得した上で行動分析学および自己分析を行うことにより，セラピストの説明ばかりの心理療法そのものをディストラクション（お払い箱）にすることだといえる。当事者による，当事者のための自己分析を通して正しい因果律に基づく原因論は，目的論へと転回・反転していくのである。

　こうした，C.R.ロジャーズの「クライエント中心療法」とは似ても似つかぬ，「クライエント中心（主体）」の心理療法は，モノを減らすことにより，その人にとって大事なものを見つけていくことを目的とする，いわゆる「ミニマリスト（最小限主義者）」の考え方と近いのではなかろうか。「ミニマリスト」の極北には，モノ（特に，高性能・高価で大きなモノ）を沢山保存し，モノの価値を自分の価値の指標とする「マキシマリスト（最大限主義者）」が存在する。心理療法でいうと，それは，クライエントの症状や病気に関する多くの「説明」言語・概念を所有し，それらによってクライエントを説明し尽くそうと欲望する精神分析家に匹敵する。

心理療法におけるミニマニストとマキシマリストの闘いは，始まったばかりである。今後は，こうしたミニマニストによる環境の「変化」，そしてその環境の「変化」による自己の「変化」といった戦略を研究対象とすることにより，本書で述べたことをより一層進展させていきたいと考えている。

　最後に，本書および①〜⑤に要約したものをチャートに示しておくことにする。

[本書を理解するためのチャート]

　　　　　　　　　　原因論　　目的論
　　　　　セラピスト　　➡　　クライエント　（問題行動・悩み）

①精神分析：原因・病因の追求　　　　学校に行かない／対人関係が良くない
　（子ども時代の親子関係など）　　　＊自らもセラピー語法者（原因追求者）
　　→消去（※普通のセラピーで
　は緩和）
―――――――――――――――――――――――――――――――――――
　　原因論の破棄
　②精神医学（DSM）：症状→消去　　　問診・薬物療法
　　（子どものうつ傾向など）

①②ともに，原因論や症状論による診断［心理療法による医学モデルの借用］
（＝アセスメント）に終始する　　　　　（細菌・ウイルスなどの実在→言葉）
　　↓
　転回：クライエントの自己決定性・自己選択性を尊重し，目的を理解する
　　　　（クライエント＝子どもが「何の目的のために」，「何かをしたいがために」，
　　　　「どのようになりたいがために」不登校になったのかを理解する）
　　↓
　行動分析学（行動の法則）から「1回限りの」推論形式（フレームワーク）へ

　原因論：「子どもが親子関係の悪さや学校での人間関係の不和など
　　　　が原因・理由で学校に行かなくなった」）
　　　　　※セラピストらの説明（心の言葉／仮説構成概念＝医学モデル）

〈正しい推論形式としての因果律方程式（原因論）〉：
　「子どもは親の注目を引くために学校に行かない」
　　　　　　　　　　※子ども自身の目的≠セラピストらの説明
　　　思考法の明晰化
　　　　↓
　　　　B：A→C　∴B
　　　┌─────────────┐
　　　│A：親から注目されない　│　　　　　A→C［変化］
　　　│B：学校に行かない　　　│　　　　　　↓
　　　│C：親から注目される　　│　　「行う理由」＞「行わない理由」
　　　└─────────────┘

　子どもは学校に行かないことを選択・決定したのは，親から注目されな
　い状態［A］から親から注目される状態［C］へと変化する［A→C］
　ことが「行う理由・動機」となって「行わない理由」（たとえば，勉強が
　遅れることやクラスメートに会えないことなど）に優ったからとなる
　［環境の「変化」およびそれにともなう自分の「変化」］

┌─────────────────────────────────┐
│「正しい推論形式としての因果律（二重因果律）」＝「目的論」　　　　│
│＊因果律における原因→「動機・理由＝究極の原因」　　　　　　　　　│
└─────────────────────────────────┘

　当事者に「B：A→C」という正しい因果律を習得させた上で自ら行動
　分析を行わせる
　※当事者：不登校児童生徒／会社を休む人／犯罪・問題行動を起こす人／
　　　　　　自称「赤面症」の人／……
　　↓
　心理療法のディストラクション（お払い箱）
　　↓
　「カウンセラー（セラピスト）2.0」：AI（ソフトウェア）化［結論］
　　↓
　心理療法のミニマニストへ［次の課題］

文　献

青山拓央　2008　「時間の哲学──時間の流れとタイムトラベル──」，辻正二監修／山口大学時間学研究所編『時間学概論』恒星社厚生閣，29-51頁。

Churchland, P.S.　1986　**Neurophilosophy：Toward a Unified Science of the Mind Brain**, MIT Pr.

Dummette, M.　1954　**Truth and Other Enigmas, Mass**, Harvard University Press.（M. ダメット，藤田晋吾訳『真理という謎』勁草書房，1986年。）

Eagleman, D.　2011　**Incognito：The Secret Lives of the Brain**, Penguin Canada.（D. イーグルマン，大田直子訳『あなたの知らない脳──意識は傍観者である──』早川書房，2016年。）

廣中直行　2003　『快楽の脳科学──「いい気持ち」はどこから生まれるか──』日本放送出版協会。

Hume, D.　1874-5　『人性論』（D. ヒューム，土岐邦夫・小西嘉四郎訳）中央公論新社，2010年。

飯田　隆　2016　『規則と意味のパラドックス』筑摩書房。

一ノ瀬正樹　2001　『原因と結果の迷宮』勁草書房。

一ノ瀬正樹　2006　『原因と理由の迷宮──「なぜならば」の哲学──』勁草書房。

一ノ瀬正樹　2010　「原因と結果と自由と」，『人性論』（前掲書所収），1-24頁。

池内　了　2002　「複雑系にみる『科学的説明』」，朝日新聞（夕刊），2002年8月26日。

石田　淳　2016　『続ける技術』あさ出版。

鹿取廣人・杉本敏夫・鳥居修晃　2015　『心理学　第5版』東京大学出版会。

金杉武司　2007　『心の哲学入門』勁草書房。

加藤智大　2014　『殺人予防』批評社。

木村　敏　2008　『臨床哲学の知――臨床としての精神病理学のために――』洋泉社。

黒沢幸子・森　俊夫　2002　『解決志向ブリーフセラピー』ほんの森出版。

Lewis, D.　1973　**Counterfactuals**, Blackwell Pub.（D. ルイス，吉満昭宏訳『反事実的条件法』勁草書房，2007年。）

中井孝章　2014　『病因論の呪縛を超えて――アドラー心理学と行動分析学を繋ぐ――』日本教育研究センター。

中井孝章　2015a　『〈心の言葉〉使用禁止！――アドラー心理学と行動分析学に学ぶ――』三学出版。

中井孝章　2015b　『授業者は昆虫型ロボットGenghisの夢を見たか』日本教育研究センター。

中村隆文　2016　『カラスと亀と死刑囚――パラドックスからはじめる哲学――』ナカニシヤ出版。

小野浩一　2005　『行動の基礎――豊かな人間理解のために――』培風館。（2016新版）

Ramnerö, J, Törneke, N.　2008　**The ABCs of Human Behavior : Behavioral Principles for the Practicing, Clinician**, New Harbinger Publications.（J. ランメロ・N. トールネケ，武藤崇・米山直樹訳『臨床行動分析のABC』日本評論社，2009年。）

酒井邦嘉　2016　『科学という考え方――アインシュタインの宇宙――』中央公論新社。

佐藤方哉　2001　「言語への行動分析学的アプローチ」，日本行動分析学会編『ことばと行動――言語の基礎から臨床まで――』ブレーン出版，3-22頁。

島宗　理　2014　『使える行動分析学――じぶん実験のすすめ――』筑摩書房。

下河辺美知子　2015　『グローバリゼーションと惑星的想像力――恐怖

と癒しの修辞学——』みすず書房.
杉山尚子　2005　『行動分析学入門——ヒトの行動の思いがけない理由——』集英社.
鈴木生郎・秋葉剛史・谷川　卓・倉田　剛　2014　『現代形而上学——分析哲学が問う，人・因果・存在の謎——』新曜社.
互　盛央　2016　『エスの系譜——沈黙の西洋思想史——』講談社.
内海　健　2009　「デイヴィッド・ヒュームの憂鬱——因果の制作——」，木村敏・坂部恵『〈かたり〉と〈作り〉——臨床哲学の諸相——』河合文化教育研究所，253-287頁.
内海　健　2012　『さまよえる自己——ポストモダンの精神病理——』筑摩書房.

あとがき
（行動分析学の評価について）

　本書を執筆するきかっけとなったのは，2016年の9月，大阪市立大学で開催された第34回・日本行動分析学会（年次大会）の自主企画シンポジウム（テーマ：「心理療法における行動分析学的アプローチ」）で話題提供者として招待され，発表原稿を作成したことにある。同学会は大阪市立大学文学部心理学教室が主催であることから，同教室出身の空間美智子先生（現・京都ノートルダム女子大学准教授）から話題提供者に選出していただいた。

　筆者は近著としてアドラー心理学と行動分析学に関する執筆をしていたとはいえ，行動分析学の専門学会で話題提供することを依頼されたときは丁重にかつすぐにお断りをした。最終的には，空間先生の熱意に応える形で話題提供を引き受けてしまったのである。実にエラいことをしてしまったといまでも思っている。

　正直いって，同学会のシンポジウムでの筆者のプレゼンは最悪であった。最後の最後まで自らの考え方をまとめることができなかった。シンポジウム前日になってもパワーポイントの原稿を大幅に書き直すなどの体たらくであった。ところが皮肉なことに，本書を書き上げることができたのは，この，シンポジウムでの失敗があったからなのである。本書で執筆したように，心の問題を因果律論（原因論）から捉えるために，ヒュームの主観（経験）的な因果律へと立ち返るというところまでは正しかったのであるが，こうしたヒュームの因果論から肝心の行動分析学そのものを捉え直すことが不十分であったのだ。つまり，行動分析学はスキナーの徹底行動主義であることから示唆されるように，心理学や心理療法の中では自然科学に近い，厳密な行動科学なのである。ヒュームの経験的な

因果律論からすると，当然それは，懐疑の対象となる。いまから思うと，シンポジウムでは少なくとも，筆者のヒューム的スタンスと，行動科学としての行動分析学との差異を明確化すべきであった。恐らく，シンポジウムの会場におられた行動分析学の専門家の方々は，筆者が何を述べたいのかさえ理解できなかったと推測（否，確信）している。というのも，同大会で配布された大会論文集の研究課題からわかるように，会場の聴衆はすでに行動分析学が行動科学であることを大前提に先進的な研究を展開されていて，当の行動分析学そのものを行動科学「以前」のポジションから捉え直すことは想像を超えている（と考えられる）からだ。万が一，本書を読む機会があったとしても，拒絶反応を起こすことが関の山であるに違いない。

　なぜそう思うのかというと，それは本書を通して，筆者は行動分析学そのものではなく，行動分析学（特に，応用行動分析学のＡＢＣ分析）から抽出され得る思考のフレームワーク，すなわち筆者なりには，「１回限り」の推論形式，端的には，「正しい推論形式としての因果律方程式」に最大の叡智を見出しているにすぎないからである。行動分析学と，行動分析学から抽出した正しい推論形式としての因果律とは，似て非なるものである。ただこうした因果律は，すでにビジネス書の中で取り上げられ，重宝されている。見方を換えれば，ビジネス書の思考のフレームワークとなっている知見を筆者は，ヒュームの因果律論をベースにしつつ，かなり丁重な形で取り出すとともに，クライエント自身が自ら行う自己分析へと精緻化したのだということができる。

　以上のことからすると，筆者は二重因果律から成る，秀逸な「正しい推論形式としての因果律方程式」を行動分析学から抽出したということで，行動分析学やスキナーの徹底行動主義には恩義がある。リスペクトも惜しまない。ところが……である。本書を執筆し

ても，一向に行動科学としての行動分析学を評価することができないのである。少なくともそういう自分がいることをどうしても認めざるを得ない。その理由は次の通りである。確かに，行動分析学はスキナーの提言のように，好子によって制御される社会システムを作り上げることを目指している。そのことは正しいし，妥当である。ところが，たとえ好子であっても，何かによって行動が機械的に制御されていくことは，私たちにとって不自由で息苦しく感じるのではなかろうか。そのように思っていた矢先に療育の問題点を鋭く指摘した著書に遭遇した。自ら発達障害キッズをサポートする会社を立ち上げ，放課後デイサービスを実践している佐藤典雄が執筆した『療育なんかいらない！』（小学館，2016年）である。この著書の中で佐藤は，応用行動分析学に基づく療育の問題点について指摘している。

佐藤を敷衍すると（同書：76-87），自閉症の問題行動を改善する療育方法には主に2つの方法論があって，1つは物事を秩序立てる方法である「構造化」であり，もう1つはアメとムチ方式で自閉症の行動を制御する応用行動分析学である。この2つの方法に共通しているのは，物事の一貫性であり，子どものスケジュールを決めたら，それを変えないし，指示も変えない。つまり自閉症児を特定の行動パターンに押し込むことを療育の基本とするわけだ。

特に，応用行動分析学に基づく療育方法の場合，自閉症児が指示にしたがうとシールを1枚もらえるが，指示にしたがわず反則をするとシールを取り上げられる。そして，シールが一定の数揃えば，ご褒美をもらえる。佐藤がかかわった子どもの場合，セラピストがいるときはその指示にしたがって行動をしていたが，いなくなった後，セラピストから渡されたシール表を破いて悔しそうに床に投げつけたという。当の子どもの最大限の抵抗の意思表示を見ていた

佐藤はそのとき，療育の方法は屈辱的なんだと悟ったと述べている。さらに佐藤は，こうした応用行動分析学に基づく療育は，動物の飼育方法であり，前述したシールのように，アメとムチを適切なタイミングで用いれば，動物の行動を制御できるのだとしている。応用行動分析学が誕生したのはアメリカであるが，ではなぜ動物の飼育方法のような，行動分析をベースにした療育プログラムがアメリカで必要とされたのかというと，アメリカでは発達障害の若者による犯罪率が高かったからであり，子どものときから予防プログラムを施すことが必要であったのである。つまり，若者の犯罪を減らすために，早期治療としてアメリカでは行動分析を応用した療育プログラムが採用されていたのだ。そのことからすると，応用行動分析学という方法が動物を制御するのとまったく同じように，人間（特に，子ども）を制御することになるのは当然の理路となる。佐藤が端的に指摘するように，現在の療育は，発達障害児にとって不要と思われる行動を強制的に訓練するといった抑制の発想を基本としており，その典型が応用行動分析学に基づく療育なのだ。当の子どもがシール表を破いて床に投げつけたのは，彼自身，ニンジンを前方にぶら下げて行動を駆り立てられる馬のように感じたからであろう。しかも，当の子どもおよび関係者すべてにとって療育プログラムの一貫性を重視する手法は，彼らを「24時間・応用行動分析学での訓練」を強いることにより「精神的な幼児虐待」となるのだ。佐藤はこうした手法を，かつてのロボトミー手術による精神疾患患者の問題行動の制御方法，あるいはかつての自閉症治療であるLSD療法や電気ショック療法とオーバーラップさせてその野蛮さを指摘している。

　こうした事例を見る限り，行動分析学（応用行動分析学）の有する問題点は筆者だけの偏見ではないと考えられる。本書を通して何

度も述べてきたように，行動分析学から抽出した二重因果律およびそこに含まれる「変化」，正確には，環境の「変化」およびそれに基づく自己の「変化」は秀逸な知見である。人類の叡智あるいは人類の進化の促進原理となったのではないかと考えられるほど優れたこの知は紛れもなく，行動分析学の基底もしくは初発にある。ところが，この「変化」，すなわち「1回限りである」がゆえに強度の（濃密な）「変化」を行動科学の法則として何度も機械的に反復しているうちに，その「変化」は習慣やルーティンへと変貌し，いつのまにか対象（ひいては，人々）を制御，そして抑制（管理）するものへと反転してしまうのではあるまいか。ヒューム的にいうと，鮮明な「印象」が生気のない「観念」へと色褪せることに相当する。その点では，心の言葉や仮説構成概念を多々駆使してクライエントを説明し尽くすことを欲望する精神分析家とさして変わらないように見えてくる。見方によっては，動物並に人間を首尾一貫した行動（療育）プログラムによって「制御＝抑制」する行動分析家の方が，クライエントを前にしながらもクライエントにとって意味不明な難解な専門語を紡ぎ出す精神分析家よりも，クライエントへの影響の度合いが強いことからより一層悪質であるとさえいえる。恩を仇で返すようで断腸の思いであるが，本質はそうなのである。行動分析学は精神分析とは反対に，ミニマリストと同様に，所有・使用する概念は50くらいで，なおかつ効果が出るのも「1分間ルール」というように，すべてが最小限なのであるが，日常流れる時間（この場合は未来）を全面的に所有しようとする（まるでM. エンデの『モモ』に登場する「時間どろぼう」のようだ）。行動分析学はモノ・言葉・（効果の出る）時間についてはミニマリストであっても，日常の時間についてはマキシマリストなのである。フロイトの心的決定論が「過去」決定論であるのに対し，行動分析学の行動制御（型療

育）は，「未来」決定論なのである。制御される当事者からすると，未来を誰か（「時間どろぼう」）に奪い取られることは，前述した療育児のように，屈辱にしか感じられないのだ。

　本書の目的は完結した。続く課題は，ミニマリストが無意識裡に実践している，〈生きられる〉心理療法もしくは目的論を分析・考察することである。この後上梓する著書のタイトルはすでに『ミニマリストの心理療法』と決めている。このような"異文化体験"を通してもう一度，心理療法のあり方について考えていくことにしたい。ただ，一言付け加えると，筆者はミニマニストのことをできるだけ多く（詳しく）知るためには，多くの文献を「所有」しようとするマキシマリストである。とはいえ，それ以外の食事やファッションなどについては無頓着なミニマニストである（特に，食事についてはゆるい糖質制限者［ミニマニスト］である）。

　最後に，本書の出版にあたりまして，盛夏の私の研究室で行動分析や心理療法に関する議論に付き合ってくださった，空間美智子先生と村井佳比子先生（現・相愛大学）に感謝したいと思います。ありがとうございました。なお，学会シンポジウムでお世話になった他の先生方への謝辞につきましては，ご迷惑をおかけする恐れがありますので，お名前は割愛させていただきました。

　いつもながら，大阪公立大学共同出版会の理事長の足立泰二先生（大阪府立大学名誉教授／農学博士）をはじめ，編集者の川上直子氏，事務局の児玉倫子氏には大変お世話になりました。厚く御礼申し上げます。

平成28年11月30日
著者

【筆者略歴】

中井　孝章（なかい　たかあき）
　現在，大阪市立大学大学院生活科学研究科教授／学術博士
　近著『ぬいぐるみ遊び研究の分水嶺―自我発達と精神病理―』[堀本真以氏との共著]（大阪公立大学共同出版会）
　本書の続編として『ミニマリストの心理療法』（日本教育研究センター）がある。

OMUPの由来

大阪公立大学共同出版会（略称OMUP）は新たな千年紀のスタートとともに大阪南部に位置する5公立大学、すなわち大阪市立大学、大阪府立大学、大阪女子大学、大阪府立看護大学ならびに大阪府立看護大学医療技術短期大学部を構成する教授を中心に設立された学術出版会である。なお府立関係の大学は2005年4月に統合され、本出版会も大阪市立、大阪府立両大学から構成されることになった。また、2006年からは特定非営利活動法人（NPO）として活動している。

Osaka Municipal Universities Press (OMUP) was established in new millennium as an association for academic publications by professors of five municipal universities, namely Osaka City University, Osaka Prefecture University, Osaka Women's University, Osaka Prefectural College of Nursing and Osaka Prefectural College of Health Sciences that all located in southern part of Osaka. Above prefectural Universities united into OPU on April in 2005. Therefore OMUP is consisted of two Universities, OCU and OPU. OMUP has been renovated to be a non-profit organization in Japan since 2006.

驚きの因果律あるいは
心理療法のディストラクション

2017年3月24日　初版第1刷発行

　編　著　中井　孝章
　発行者　足立　泰二
　発行所　大阪公立大学共同出版会（OMUP）
　　　　　〒599-8531 大阪府堺市中区学園町1-1
　　　　　大阪府立大学内
　　　　　TEL　072(251)6533　FAX　072(254)9539
　印刷所　和泉出版印刷株式会社

©2017 by Takaaki Nakai, Printed in Japan
ISBN978-4-907209-68-1